AF140860

Dieter **von Herz**

Westallee
1950
Erzählung

novum ◢ pro

Dieses Buch ist auch als
e-book
erhältlich.

www.novumverlag.com

Bibliografische Information
der Deutschen Nationalbibliothek:

Die Deutsche Nationalbibliothek
verzeichnet diese Publikation in
der Deutschen Nationalbibliografie.
Detaillierte bibliografische Daten
sind im Internet über
http://www.d-nb.de abrufbar.

Gedruckt in der Europäischen Union
auf umweltfreundlichem, chlor- und
säurefrei gebleichtem Papier.

© 2022 novum Verlag

ISBN 978-3-99131-258-1
Lektorat: Juliane Johannsen
Umschlagfotos: Dieter von Herz;
Vector | Dreamstime.com
Umschlaggestaltung, Layout & Satz:
novum Verlag
Innenabbildungen: Dieter von Herz

Die vom Autor zur Verfügung ge-
stellten Abbildungen wurden in der
bestmöglichen Qualität gedruckt.

www.novumverlag.com

Climate neutral
Print product
ClimatePartner.com/16547-2201-1002

Dieter von Herz

Dieter von Herz ist ein echtes Nachkriegskind. 1940 in Hannover geboren, 1943 aus der brennenden Stadt nach Bayern geflohen, 1945 des Vaters durch Scheidung beraubt, erlebt er die Befreiung Deutschlands, die Einbindung in das westliche Bündnis, durch den Kalten Krieg beschleunigt. Drei Frauen sind für seine Entwicklung wichtig: die wunderschöne Mama, die hochgeliebte Großmutter sowie ein Trierer Mädchen Charlotte, das er bereits mit 14 Jahren gesehen und sich gewünscht hatte – als Ehefrau. Was auch gelang.

Gerade noch durch das Abitur geschlittert, studiert er Betriebswirtschaft in Köln, Kiel und München, macht seinen Doktor in Politischer Wissenschaft. Beginnt als Redakteur am arbeitgebernahen Institut der Deutschen Wirtschaft in Köln, dann zu Daimler Benz als Assistent des Vorstands Hanns Martin Schleyer, dessen Ermordung durch die RAF er hautnah erlebt, 1981 landet er schließlich als Kommunikationschef bei der Continental AG in Hannover.

Er gründet 1961 mit Freunden drei Diskotheken, zieht in Köln, Stuttgart und Hannover achtmal um. Ohne seine Frau, die Mutter von Zwillingen wurde, hätte er das nicht geschafft. Mit 58 Jahren wollte er nicht mehr abhängig arbeiten, begann als freier Unternehmensberater, um von 2000 bis 2012 an der TU Dresden „Corporate Communications" zu lehren. Nach 66 Jahren des Kennenlernens ist Charlotte sein großes Glück und die zwei *Pänz*.

Oma Sophia und Mutter Gisela

Goethe sagt zu Eckermann,
dass in den Wahlverwandtschaften
kein Strich enthalten sei,
der nicht erlebt, aber auch keiner so,
wie er erlebt worden war

Einleitung

Vater Hans stand plötzlich vor der Tür. Es war Juni 1945. Keiner hatte ihn erwartet. Seine Frau Gisela arbeitete in der Küche. Ihre Schwester Maria und der Schwager Manfred Curry ordneten Papiere im Büro. Sie alle wussten durch Kameradenberichte, dass er überlebt hatte. Nach den massiven Gefahren in den Jahren des Krieges im Osten verliefen die letzten Monate am Gardasee kurz vor der Kapitulation geradezu köstlich. Wein, Gesang und wie bei Hans nicht anders zu erwarten: Weiber. Sein Hang, fremden Röcken nachzusteigen, war bereits vor Kriegsbeginn in den Hannoveraner Studentenkreisen bekannt gewesen.

Hans von Herz konnte seit Beginn des Hitler-Regimes eine gewisse Distanz zu den Organisationen der Nationalsozialisten wahren. Weder NSDAP noch Waffen-SS hatten an seine Türe geklopft. Er galt als unabkömmlich, als Experte im Bahn- und Straßenwesen. Seine Tätigkeit im Krieg beschränkte sich auf die Planung und Instandhaltung von Bahngleisen und Straßen. Die Amerikaner fingen ihn 1945 in Norditalien, befragten ihn und ließen ihn laufen.

14 Jahre später erzählte er mir, wie sich die Dinge damals zugetragen hatten. Wir unternahmen anlässlich meines Abiturs eine Reise nach Norddeutschland. Hans besaß seit Kurzem einen gebrauchten, roten Skoda, den er mit großem Vergnügen durch den noch spärlichen Verkehr steuerte. Es ging nach Meppen, Aurich, Haren an der Ems und nach Papenburg, der Vorfahren wegen. In den Kirchenbüchern mit Hochzeitseintragungen und Taufregistern verfolgten wir die Spuren früherer Personen mit Namen ‚von Herz‘. Den geschichtlichen Boden des Emslandes erforschten wir erfolgreich, entdeckten zahlreiche Vorfahren, aber 1638 war Schluss. In der Benedik-

tinerabtei von Kornelimünster bei Aachen enttäuschte man uns mit dem Satz, den die Geistlichen bereits häufiger zu sagen gezwungen waren:

„Hier endet es meist, der Dreißigjährige Krieg hat nichts übriggelassen. Sämtliche Kirchenbücher sind verbrannt."

Damit schienen alle weiteren Wege zu den Ahnen blockiert zu sein. Mein Vater verabschiedete sich, nicht sonderlich enttäuscht über das jähe Ende des gemeinsamen Abenteuers, und kehrte nach Wilhelmshaven zurück; eine langjährige Liebschaft, die er neben seiner zweiten Frau *pflegte* und der Beruf erwarteten ihn. Ich hatte plötzlich viel freie Zeit. Wieder einmal wollte ich mein geliebtes Frankreich bereisen.

Mehr durch Zufall stieß ich auf die Kathedrale von Bourges, ein gotisches Meisterwerk. Sie wurde in der Blütezeit der französischen Gotik errichtet, in der ersten Hälfte des 13. Jahrhunderts. Beim Gang durch die Apsis erblickte ich in einem Kirchenfenster mein Wappen – das Wappen der Familie von Herz (drei Muscheln und drei Herzen). Überrascht blieb ich stehen. Es war kunstvoll abgebildet auf dem Heck eines mächtigen Segelschiffs, das einem bedeutenden Kaufmann der damaligen Zeit gehört haben musste. Nicht einmal acht auf vierzehn Zentimeter groß war es, so schätzte ich. Und obgleich es sehr alt war, fand ich die auf Glas eingebrannten Farben in erstaunlich gutem Zustand vor. Wie aber war es hierher gelangt? Mein Familienwappen, mitten im geografischen Zentrum Frankreichs, in dem an kulturellem und landwirtschaftlichem Reichtum gesegneten Berry? Hatte ich etwa französische Vorfahren, von denen ich nichts wusste? Konnte es denn wirklich einen Zusammenhang zwischen Bourges und dem Emsland als Herkunftsregion der Sippe von Herz geben? Wen könnte ich darüber befragen?

Und ich hatte Glück, denn ich traf eine Dame, die mir kompetent Auskunft geben konnte. Madame Bouvier verkaufte im Shop Bücher und Ansichtskarten. Sie entpuppte sich als bewanderte Kunsthistorikerin. Im Hauptberuf leitete sie halbtags die Bibliothek im Rathaus der Stadt. Niemand störte uns, denn in der weiter anschwellenden, flirrenden Hitze gingen alle anderen Menschen an kühlere Orte. So entwickelte sich ein informatives Gespräch.

„Also", erklärte sie freundlich, „das Wappen gehört zu dem königlichen Vermögensverwalter Jacques Coeur. Als erfolgreicher Kaufmann besaß er zahlreiche Schiffe, die im Mittelmeer unterwegs waren. 300 Kontoren unterhielt er dort; mit seinem Reichtum finanzierte er seinem König sogar Kriege. Aber, Pardon, wie war gleich noch Ihr Name?", fragte sie, sich leicht nach vorne neigend.

„Dieter von Herz", antwortete ich bereitwillig.

„Und aus welchem Teil Deutschlands kommen Sie?"

„Gebürtig aus dem Emsland", sagte ich und fügte erklärend hinzu:

„Haren, Papenburg, Aurich, in den Kirchenbüchern dieser Gemeinden findet man unseren Namen. Pfarrer, Richter und Geldverleiher – das waren die Berufe, die sie ausübten. Also nichts Hochwohlgeborenes."

Ihre dunklen, südfranzösischen Augen blitzten wie elektrisiert.

„Oh, dort oben, im nördlichen Teil Deutschlands kenne ich mich zufällig gut aus. Mein Mann kommt aus Krefeld. Von Herz, war ihr Name?"

Fast liebkosend formte sie den Namen mit ihrer Zunge, „von Herz? Und Sie sind katholisch?"

Ich bejahte.

„Für das Emsland ist das ja üblich", meinte sie. Ich schaute sie lange an, zögerte und meinte dann doch nachhaken zu müssen:

„Pardon Madame, aber gestatten Sie mir die Frage, was hat Sie erstaunt, als Sie meinen Namen hörten?"

„Wenn Sie etwas Zeit haben, will ich Ihnen gerne meine Vermutung erzählen."

Sie bot mir einen Stuhl an, setzte sich ebenfalls, dann erst fuhr sie fort:

„Im 15. Jahrhundert herrschte in Frankreich König Charles VII, genannt ‚Der Siegreiche'. Als sein Argentier, das heißt als sein Vermögensverwalter, fungierte der legendäre Jacques Coeur. 1395 in Bourges geboren, wurde er 1440 in den Adelsstand erhoben. Zwei Jahre später zählte er bereits zu den Mitgliedern des königlichen Rates."

Gespannt folgte ich den weiteren Ausführungen von Madame Bouvier.

„Jacques de Coeur, so hieß er nun, hatte fünf Kinder: Jean, Henri, Geoffroy, Ravant und Perette. Als reichsten Mann Frankreichs beneideten ihn viele Menschen und nach Jahren erfolgreicher Arbeit fiel er wegen angeblicher Veruntreuung königlicher Gelder in Ungnade."

Madame Bouvier atmete tief durch, um fortzufahren:

„Sicher ist, dass um religiös motivierter Querelen aus dem Weg zu gehen, ein, uns nicht bekannter, Nachkomme seiner Familie Frankreich in Richtung Norddeutschland verließ. Er wurde und soll, dies jedenfalls berichten polizeiliche Akten aus dieser Zeit, danach an einer nördlich von Köln gelegenen Grenzstation als Zöllner, als Douanier, gelebt haben."

Ich glaubte diese Informationen bestätigen zu können:

„Meine Urgroßmutter Franziska murmelte mit ihren fast hundert Jahren stets etwas von einem „Dommier, Dounnier", wenn wir über unsere Vorfahren sprachen. Ich hatte sie im Verdacht, dass sie das etwas schwierige Wort „Douanier" (Zöllner) nicht richtig aussprechen konnte."

Madame nahm den Faden auf und fuhr fort:

„Auf der anderen Seite des Rheins lockte ihn wohl ein hübsches Mädchen. Mit einem kleinen Kahn setzte er des Nachts über und verschwand nach Norden ins Emsland. Fortan nannte sich Jean de Coeur Heinrich von Herz und heiratete das Mädchen, das dem Katholizismus und damit auch seinem Religionsbekenntnis, angehörte."

Wenn das alles stimmte, dann hatte ich die Barriere des Dreißigjährigen Krieges überwunden. Und war mitten im 15. Jahrhundert angekommen. In gleißendem Weißgold strömte das Sonnenlicht durch den Verkaufsraum; der mir mitsamt seinen Regalen, Karten und Büchern im Laufe des Gesprächs immer heller geworden zu sein schien. Die Hitze nahm zu und wurde fast unerträglich. Eine dicke, unappetitliche, blauschwarze

Fliege glaubte sich an einem Schweißtropfen über meiner linken Augenbraue gütlich tun zu müssen. Ich verscheuchte sie und begann von einem kühlen Pils zu träumen.

„So erklärt sich die Sache mit ihrem Wappen. Sehen Sie, meine Vermutung war richtig. Ihre Vorfahren kommen hier aus dem Berry. Voila", schloss Madame.

Warum nicht, dachte ich, nachdem ich mich mit Dank verabschiedet hatte und in ein kleines Lokal gegangen war, denn ich liebte es, Restaurants zu besuchen. Und das Berry war und ist für gutes Essen bekannt. Nach dem kühlen Bier kam zu den Rognons a la Moutarde de Dijon ein filigraner, weißer Burgunder auf den Tisch. Davon verstehen sie eine ganze Menge, die Franzosen, dachte ich bei mir.

Latein beherrschten damals außer den Priestern nur eine Handvoll Gebildeter. Die Geistlichen nutzten ihre Kenntnisse, um ihr Wissen so festzuhalten, dass nicht jeder mitlesen konnte. Ihre Informationen erhielten sie aus der Ohrenbeichte, die bei Katholiken üblich ist. Es konnte geschehen, dass in dem Kirchenbuch unter dem Namen der Braut geschrieben stand: „non virga est", ist keine Jungfrau. Oder unter dem Namen des Bräutigams las man „moechus", ein Hurenbock. Pikant fand ich den Eintrag, das Kind Hans-Werner sei nicht von dem im Taufregister vermerkten Vater, sondern von dem Herrn Apotheker. Zweifellos hatten die Pfaffen eine diebische Freude.

1945 – Heimkehr von Hans

Hans von Herz stand ganz plötzlich vor der Tür. Mit seinen 35 Jahren lag das Leben noch vor ihm. Er hatte zunächst gezögert, hatte in der vorwärtsgreifenden Bewegung leicht innegehalten, um dann aber doch die schwere Glocke zu läuten. Ihr mächtiger Klang hallte lange nach. Es war ein massiver, aus Kupfer mit etwas Zinn gefertigter Klangkörper, überreich mit Pflanzen und Ranken verziert. Die Glocke passte zu dem eindrucksvollen Häuserkomplex, den Vater Hans vom Süden, vom See kommend, genauer gesagt vom blauen Ammersee aufsteigend, schon von Weitem erblickt hatte. Dominierender hätten die drei vor ihm liegenden, ineinander geschachtelten Häuser nicht dastehen können. Großzügig gebaut, beherrschten die Villen die bucklige Anhöhe; vor ihnen erstreckte sich eine große Wiese, voll besetzt mit rotgoldgrüngelben Schlüsselblumen. Er liebte diese Wiese.

Hans saß da und blickte zufrieden hinunter auf den Ammersee, der blaugrauschwarz, gestopftem Samt nicht unähnlich, vor ihm lag. Hinter dem See, weiter südlich erhob sich dunkel und nachtmächtig wie ein Schatten das Kloster Andechs. Nach einer Weile stand er auf, reckte die Glieder und wandte sich nun hinauf, dem Curry-Anwesen entgegen. Von der rückwärtigen Seite bot ein wuchtiger Eichenwald Schutz.

Ehefrau Gisela hatte sein Kommen ebenso wenig bemerkt wie der Rest der Familie. Sie bereiteten gerade das Essen vor; ein Tag wie jeder andere und trotzdem strahlte die Mittagstafel eine vornehme Eleganz aus. Acht Gedecke, mit Sorgfalt gesetzt, erwarteten die Familie. Vier Kinder, Großmutter Sophia, ihre Töchter Gisela und Maria sowie Schwiegersohn Manfred schauten mit Vorfreude auf die Forellen mit gebutterten Jungkartoffeln. Beides kam aus eigenen Ernten.

Der kräftige Klang der Glocke verstummte. Dr. med. Manfred Curry, Giselas Schwager, Hausherr, Mediziner und amerikanischer Forscher, durchschritt gemächlich die geräumige Diele und öffnete mit Bedacht Hans von Herz die hohe, eichenschwere Doppeltüre.

Gisela von Herz, in Pirna bei Dresden 1919 mit dem Mädchennamen Hermkes zur Welt gekommen, war seit 1939 mit Hans verheiratet, Gisela hatte sich gut auf diesen Moment jetzt nach seiner Rückkehr vorbereitet. Heute mit ihren 26 Jahren als erwachsene, gutaussehende Frau, heute wusste sie genau, was sie wollte: Das war die Scheidung. Jetzt und sofort und ohne Verpflichtungen gegenüber einander. Die beiden Kinder sollten bei ihr bleiben: Helmuth, zwei Jahre alt, und ich, der den fünften Geburtstag erst vor einigen Wochen begangen hatte. Die Scheidung zog sich lange hin.

Einen neuen Mann gab es nicht. Sehnsucht nach einem Freund, einem Begleiter, Sehnsucht nach Geborgenheit und Zärtlichkeit beschlich Gisela von Zeit zu Zeit. Bereit für eine neue Begegnung war sie jedoch noch nicht. Einige Verehrer lauerten; sie beachtete sie nicht, obwohl es Männer zu dieser Zeit nicht im Überfluss gab. Der Zweite Weltkrieg hatte erst vor einigen Wochen sein Ende gefunden. Millionen Soldaten waren gefallen oder darbten noch in Gefangenschaft. Adenauer holte Zehntausende aus Russland raus.

Giselas Bild von einem Mann hatte in ihrer Jungmädchenzeit Vater Jakob geprägt. Sie war eine Vatertochter. Er arbeitete als Entwickler von Lokomotiven bei der Hannoverschen Hanomag AG. Liebe, Respekt und Zärtlichkeit im Umgang mit der Familie waren bei ihm zu Hause. Mit der Tochter unterhielt er sich häufig und lange. Das war zu dieser Zeit eher die Ausnahme. Die Väter zogen sich normalerweise aus den Familien zurück: Ins Herrenzimmer oder in die Bibliothek zu Zigarren, Zeitung und Zitronenlikör.

Zuwendung zu Kindern, die noch nicht volljährig waren, das war ein Feld, das den Müttern vorbehalten war. Jacob allerdings verhielt sich anders. Er widmete sich mit Freuden seiner Familie. Für ihn war das keine Belastung, im Gegenteil, er schätzte die wache, fröhliche Intelligenz seiner hübsch geratenen, achtzehnjährigen Tochter. Kurzum: ihre Jugend verlief glücklich.

Manfred Curry also, der Hausherr persönlich, öffnete Hans die Türe. Dass er einen amerikanischen Pass besaß, hatte das Leben während des Dritten Reichs erheblich erleichtert. Die Nazis ließen ihn unbehelligt. Man wollte die USA nicht provozieren.

Er stammte aus einer vermögenden Bostoner Juristenfamilie, zeigte keinerlei politisches Interesse und konnte eine arische Ehefrau Maria, geborene Hermkes, vorweisen. Ende der Zwanzigerjahre eingewandert, bewies er in unterschiedlichen Disziplinen wie Fotografie, Eiskunstlaufen, Segeln und Wetterkunde fast geniale Fähigkeiten. In seinem Hauptberuf als Krebsforscher gelangte er mit Fleiß und Begabung zu wichtigen Erkenntnissen, die die medizinische und akademische Welt beeindruckten. Seine industriellen Auftraggeber aus den USA gestatteten ihm ein unabhängiges Leben in finanzieller Sicherheit. Intellektuelle Freiheit war ihm angeboren.

Die straffe Körperhaltung von Manfred, damals noch nicht ganz 45 Jahre alt, ließ Vater Hans zögern; er fragte sich, ob er das Haus betreten dürfe. Drei Treppenstufen über ihm stand dieser kraftvolle, wenn auch nicht besonders groß geratene Amerikaner mit blaugrauem Haar und buchsbaumbuschigen Augenbrauen. Der Heimkehrer kam sich klein, ungelegen und stark reinigungsbedürftig vor. Beide Männer reichten sich ohne ein Wort die Hand. Sie blickten sich kaum an. Viel Gemeinsames gab es nicht zwischen ihnen bis auf die Tatsache, dass Hans als Diplomingenieur und Experte für das Bahnwesen keiner war, dessen man sich in der Familie hätte schämen müssen. Gleichwohl tendierten die Schnittmengen zwischen den beiden Männern gegen Null, in fast jeder Hinsicht.

Bevor das einsetzen konnte, was vielleicht die Bezeichnung Konversation oder gar Begrüßung verdient hätte, machte eine feste, sympathisch helle Stimme auf sich aufmerksam:

„Hans, guten Tag. Schön, dass du offensichtlich gesund bist, das macht die Sache leichter. Ich verlange die Scheidung, die beiden Kinder bleiben bei mir; mein Münchner Anwalt Dr. Lammer wird die Klage begründen, Manfred bringt dich im Gästehaus zum Bad, da kannst du dich waschen. Aus dem Kleiderschrank holt meine Schwester die für dich notwendigen Sachen, dann fährt Manfred dich zum Bahnhof und versorgt dich mit etwas Startgeld für das Zivilleben. Eine gute Zukunft für dich."

Manfred drehte sich sprachlos um. Das war professionell, kühl und gnadenlos. Aber endlich, nach all den Enttäuschungen, die sie in der kurzen Ehe erlitten hatte, bevor Hans 1940 zur Wehrmacht eingezogen worden war, war es vor allem eines – konsequent.

Gisela hatte wie die meisten Deutschen geglaubt, spätestens 1941 sei der Spuk vorbei. Wilhelm II. war bereits im Ersten Weltkrieg dieser Fehleinschätzung erlegen. Es sollte nicht seine einzige Dummheit bleiben. Der international hochgeschätzte Kanzler Bismarck fehlte. Wilhelm II. hatte ihn entlassen, weil er zu stark geworden war. Absolutistische Herrscher mögen das nicht, vornehmlich wenn sie schwach sind.

1939 – Giselas Hochzeit

Mutter Gisela ging unberührt in die Ehe. Das war für jene Zeit nicht ungewöhnlich. Als erster Sohn kam ich, Dieter von Herz, im März 1940 zur Welt. Die Geburt meines jüngeren Bruders Helmuth im Jahr 1943 war nicht geplant. Es handelte sich um einen *Unfall*, der während eines Militärurlaubs geschehen war.

Gisela schloss keineswegs Frieden mit ihrem Zustand; sie hatte kein weiteres Kind von Hans gewollt. Aber eine Abtreibung war für sie unmöglich gewesen. Ihre Familie lebte eine fröhliche, rheinisch katholische Religiosität, die, angeführt von Großmutter Sophia Hermkes, alles erlaubt hätte, nur nicht eine Korrektur dieser Empfängnis.

Die Großmutter, von den Erwachsenen und uns Kindern liebevoll mit Söffchen gerufen, kam 1890 zur Welt. Sie hatte den Zusammenbruch der Alten Welt mit dem Untergang des Kaiserreichs mitgemacht. Sie erlebte ebenso den Zerfall der Weimarer Republik. Und auch noch das Ende des *Tausendjährigen Reichs* sowie den Wiederaufstieg der Bundesrepublik, nicht jedoch die *Wende*, also die Wiedervereinigung. An sie hatte Sophia immer fest geglaubt, aus historischer Erfahrung, wie sie sagte. Große Völker seien auf Dauer nicht teilbar; Polen etwa überlebte mehrfache Teilungen und sogar den vollständigen Untergang als Nation für 150 Jahre.

Nachdem Hans abgereist war, verfasste Gisela einen Brief für ihren Anwalt; einen Brief, in dem sie die Klage begründete: Fortgesetzter, frecher und rücksichtsloser Betrug mit anderen Frauen. Das war der Grund, warum sie die Scheidung forderte. Dass Hans bereits ein paar Tage nach der Hochzeit mit einer anderen Frau zusammen war und alle ihre guten Freunde davon erfuhren, das hatte sie tief verletzt. Dabei wusste sie, ihre Erscheinung, wenn auch noch etwas mädchenhaft, bezauberte jeden, dem sie begegnete. War die Erziehung, genauer die Vorbereitung auf die Ehe, unzeitgemäß gewesen? War sie doch noch zu sehr einem wilhelminischen Frauenbild gefolgt – einem Frauenbild, das ihre Mutter Sophia geprägt und vermittelt hatte, fragte ich mich.

Sie träumte schon einmal Unschickliches und hörte mit schlechtem Gewissen den Geschichten der Freundinnen zu. Ja, die erzählten auch manchmal Unartiges. Aber: Hans schien der Richtige zu sein. Schnell herrschte Übereinstimmung zwischen der Mutter und den beiden, wesentlich älteren Geschwistern, Robert und Maria. Hans war der Frauenverführer, wusste mit seinen sechsundzwanzig Jahren, wie mit ihnen umzugehen ist. Und doch machte er nun gravierende Fehler in der jungen Ehe mit seiner sehr jungen, zarten Frau.

Formal gab es die Gleichberechtigung der Geschlechter.

Aber: Frauen war vor 1908 in Preußen der Besuch von Universitäten nicht gestattet. Und auch das Frauenwahlrecht konnte erst 1918 durchgesetzt werden. Also ein Jahr vor Giselas Geburt. Und zwar gegen massive Widerstände. In diesem verstaubten, gesellschaftlichen Klima traf man selten selbstbewusste, unabhängige Frauen. Im realen Leben waren sie Hausfrauen und Mütter. Die emanzipierte und studierte Frau blieb die Ausnahme; Madame Curie: ein Einzelfall!

Gisela rebellierte innerlich gegen eine Beziehung ohne Respekt und Wärme. So gab es für sie, schon kurz nach der Hochzeit, kein *Zurück* mehr. Sie kapselte sich mehr und mehr ab; je stärker die Schwangerschaft voranschritt, desto mehr wuchs die Abscheu gegen ihren Mann. Eine Trennung kann es erst nach dem *Tausendjährigen Reich* geben. Denn eine deutsche Mutter lässt sich nicht von ihrem Mann scheiden, zumal wenn er *im Feld* steht. Und Hans stand erst in Polen, dann in Russland.

Nun, Sekunden nach den erlösenden Worten, trat sie aus dem Türrahmen zurück, um im grauschwarzen Nichts der Curry-Villa zu verschwinden. Sie fragte sich noch für einen kurzen Moment, wieso sah er so gebräunt aus, so gesund?

Es geschah alles, wie von Gisela angeordnet; die gelbbraune Cordhose war etwas knapp, passte aber gerade so. Hans, frisch rasiert, drückte Manfred dankbar, aber noch immer leicht überrascht, die Hand. Dieser übergab ihm ein Kuvert, das großzügig mit einigem Geld gefüllt war. Die Lokomotive tönte laut und fordernd, Hans stieg ein. Der Zug setzte sich in Bewegung. Ein Winken erübrigte sich.

1943 – Angriff auf Hannover

Der Zug nahm Fahrt in Richtung Süden auf. Meine Mutter durchlitt noch einmal die letzten Nächte; durchlitt noch einmal den Nachhall der Bombardements. Heftige Beben, massive Erschütterungen und das Getöse der feindlichen Bombeneinschläge über Wochen hinweg hatten sie mürbe gemacht. Sie war vollkommen erschöpft. Sie wollte nur eines: Ruhe und Sicherheit für sich selbst und ihre Kinder.

Es war der Oktober 1943. Die sonst immer verlässlich warnenden Sirenen blieben dieses Mal stumm. Und so schwebten unangemeldet hoch oben am strahlend lichtgraublauen Himmel fast hundert graue Bomber geräuschlos Richtung Zentrum der Stadt. Ich schrie entsetzt auf, worauf meine Mutter mich und den Säugling Helmuth unter die Arme nahm und mit uns in den Luftschutzkeller flog. Außer Atem fühlte sie, wie ihr Herz vor Angst raste. Zu dritt kauerten wir uns in die für uns vorgesehene Nische mit den Nummern 45, 46 und 47.

„Wenn wir hier heil herauskommen, dann hauen wir ab zu meiner Schwester in Bayern", flüsterte sie leise, sich ängstlich umschauend, mir als Ältestem zu. Niemand durfte Mutter hören. Sie hätte wegen angeblichem Defätismus erhebliche Schwierigkeiten bekommen können. Augenblicklich setzten die Einschläge der Bomben ein, die gefährlich näherkamen. Das Konzert des Grauens begann: Ein Gemisch aus dem Wummern der Brandbomben, dem Klirren der Granatsplitter, dem Heulen der Feuersbrände und dem Rattern der Abwehrflak. Das Inferno hörten und spürten wir hautnah im Keller, fünf Meter unter der Straße. Wir Kinder suchten Schutz bei ihr – Schutz, den sie selbst gebraucht hätte; sie war gerade einmal 24 Jahre alt. Lediglich die vielen anderen Menschen, die mit uns im Keller bangten, verhinderten das Gefühl des völligen Ausgeliefertseins. Es breitete sich eine Stille über uns aus, die nur hin und wieder durch ein gemurmeltes Gebet durchbrochen wurde. Es war die Nacht vom 8. auf den 9. Oktober 1943. In dieser Nacht versank Hannover in Trümmern. Um 1.05 Uhr fielen die ersten Bomben. Hundertmal heulten die Stadtteil-Sirenen.

Doch auch diese Gefahr ging irgendwann vorüber. Und Gisela machte ihren seit längerem gefassten Vorsatz wahr, packte nur das Wichtigste, schickte ihre Mutter, das Söffchen, zu deren Schwester Bertha Zuleger nach Ilsenburg in Thüringen und gab der Haushälterin die Schlüssel.

„Wann wir uns wiedersehen, weiß Gott allein", verabschiedete sie sich von ihr mit Tränen in den Augen. Wir verließen das nun menschenleere, elterliche Haus, eilten dem um die Ecke gelegenen Hauptbahnhof entgegen, lösten drei Fahrkarten und stiegen ein. Der Zug startete Richtung Süden, nach Riederau am Ammersee.

„Das ist geschafft", entfuhr es meiner Mutter Gisela im Zug sitzend, als sie erleichtert spürte, wie sich der Wagen erst zögernd, dann aber immer schneller in Bewegung setzte. Sie zitterte, am ganzen Körper. Helmuth und ich drückten uns eng an sie. Sie fühlte sich so warm, so weich an und duftete nach einem uns unbekannten Parfüm, das jedoch unverwechselbar zu unserer Mami gehörte.

Ein quietschendes, harsches Geräusch beendete jäh alle Träumereien. Die Abteiltür wurde plötzlich weit aufgerissen. Dahinter lag der Flur im Dunkel. Das verhieß nichts Gutes. Durch den Rahmen stolzierte ein Uniformierter. Im Herbst 1943 war der deutsche Untergang in Stalingrad bereits Geschichte und die militärische Wende Realität. Die siegreiche Zeit in Ost und West lag unwiederbringlich hinter den deutschen Armeen. So massiv bedrängt, witterte die Staatsmacht noch mehr als früher überall den Feind, den Saboteur und Drückeberger.

„Ihre Papiere, aber sofort", befahl er, noch während er die Hacken zusammenschlug.

Meine Mutter hatte nichts zu verbergen und reichte ihm die Ausweise. Die Papiere durchblätternd fragte der Mann, den sie nun als Mitglied der Staatspolizei einschätzte, „und wohin geht es?"

„Nach Riederau am Ammersee zu meiner Schwester", kam die verschüchterte Antwort. Bruder Helmuth begann zu weinen, ich nahm ihn in den Arm, um meiner Mutter Bewegungsfreiheit zu verschaffen.

Der Inquisitor trat zurück, verglich erneut Papiere und Gesichter, um dann zu murmeln:

„Verheiratete von Herz? Dem Adel zugehörig und dann auch noch so ein stolzer Vorname: Gisela Henriette. Wohl aus einer reichen Junkerfamilie aus Ostpreußen, mit Gutshof, Personal und so?"

„Nein, Hannoveraner Bürger; der Vater ist Ingenieur. Er baut Lokomotiven für die Reichsbahn", antwortete Gisela zurückhaltend, aber nicht unterwürfig.

Der Gestapo-Mann wühlte weiter in den Papieren. Sein arroganter Habitus, sein grüner Ledermantel, seine gierigen Augen und seine riesige Nase wirkten bedrohlich. Was er bloß suchte, fragte sie sich.

„So, und Ihr Mädchenname lautet Hermkes. Sie hießen also vor der Heirat Gisela Henriette Hermkes?"

„Ja, das ist richtig", bestätigte sie.

„Ist das ein Problem?", fragte sie, vielleicht etwas keck.

Der Offizier demonstrierte nun einen ganz kleinen Teil des Empörungspotenzials, zu dem eine Diktatur fähig ist:

„Sofort aufstehen, Mantel aus, Hut ab. Hände vorgestreckt!"

Es folgte eine Leibesvisitation, die überraschend flüchtig verlief. Denn ein zweiter, älterer Uniformierter wartete im dunklen Hintergrund des Ganges. Dem jüngeren Gestapo-Mann bereitete es dennoch sichtlich großes Vergnügen, die gutaussehende junge Frau aus besseren Kreisen zu demütigen, sie einzuschüchtern, sie anzufassen. Dann brüllte er:

„Dem Deutschen Reich drohen Gefahren von allen Seiten. Und die lauten: Verrat, Hinterhalt und nochmals Verrat. Hier haben wir es wohl mit einer Spionin mit zwei Kindern als Tarnung zu tun."

„Nein, Hannoveraner Bürger. Ehemann Hans von Herz ist in Russland. Bruder Robert Hermkes ist ebenfalls in Russland. Der eine baut Straßen, der andere zieht Zähne", sagte Gisela laut und deutlich. Plötzlich wurde es etwas ruhiger im Abteil. Der Mann im grünen Ledermantel bekam graue Züge ins Gesicht. Er roch noch immer nicht gut und wirkte hektisch, fast getrieben. Er machte den Eindruck eines Anglers, dem ein dicker Fisch vom Haken gegangen ist.

„Lass es gut sein, Willy", kam die Stimme des Älteren aus der Dunkelheit heraus. Gisela hatte sich wieder den Mantel anziehen und mit dem Hut auf dem Kopf hinsetzen dürfen. Ich verstand das Geschehen nicht, spürte lediglich, mit dem Herrn mit der Zinkennase ist nicht gut Kirschen essen. Nachdem meine Mutter den Uniformierten über Zähne, Straßen und Lokomotiven unterrichtet hatte, schloss er sehr langsam seinen vor Sprachlosigkeit weit geöffneten Mund. Dummheit traf auf Unverschämtheit; beide salutierten knapp, worauf Gisela hätte verzichten können.

„Gute Reise! Weiterfahren!", schnarrte er zum Abschied, ohne beide Hacken nochmals zusammenzuschlagen. Sie sah ihn nicht an.

Am Ammersee lebte ihre Schwester Maria, die Dr. Manfred Curry geheiratet hatte. Zwischen den beiden Hermkes-Schwestern herrschte geschwisterliche Zuneigung. Maria, die Künstlerin, die Sängerin, hatte einen vermögenden Amerikaner, einen Forscher, als Ehemann gefunden. Das konnte kaum übertroffen werden. Aus alldem ergab sich, dass sich Gisela, die *Kleine* aus Hannover, am Ammersee erst einmal unterzuordnen hatte.

Zwei Wochen nach Giselas Flucht aus Hannover schlug eine Fünf-Zentner-Bombe senkrecht in ihr Elternhaus ein. Sie durchbrach alle drei Geschosse, brachte noch genügend Kraft, Willen und Präzision mit, um die im Keller bangenden, übrig gebliebenen 57 Menschen auf einen Schlag zu vernichten. Alle auf einen Schlag! Diese Katastrophe traf unsere Mutter schwer.

1943 – Nach Süden: Evakuierung

Zu Beginn verlief es für Gisela und uns Kinder nicht einfach am Ammersee. 1943 und in den Jahren danach erlitten fast alle großen deutschen Städte erhebliche Bombenschäden; die Zerstörungen nahmen gewaltige Ausmaße an. Im Vergleich zu vielen anderen ausgebombten Familien hatten wir noch mächtig Glück gehabt. Wir waren an einem Ort gelandet, zu schön für das reale Leben. Ein Ort für Touristen, ein Ort für Postkarten.

„Wie soll es weitergehen?", fragte meine Mutter. Schwager Manfred sagte:

„Wir finden es völlig in Ordnung, dass ihr hier seid. Ihr gehört zur Familie. Und du wirst uns eine gute Hilfe sein. Außerdem passen deine beiden Kinder gut zu den unseren: zu Sylvia und Charles. Mach dir keine Sorgen. Der Spuk ist bald vorbei. Spätestens, wenn Amerika in den Krieg eintritt – und damit rechnen wir fest."

Amerika weigerte sich lange Zeit, an die Seite von Großbritannien und Frankreich zu treten. Manfred glaubte, ein früheres Eingreifen der USA hätte vieles zu Ungunsten Hitlers verändert. Erst der Angriff der mit den Nazis verbündeten Japaner auf Pearl Harbor weckte die US-Amerikaner aus ihrer *splendid isolation*. Erst Pearl Harbor half die atlantische Allianz zu schmieden.

Im Forschungszentrum Curry arbeiteten Manfred und Maria eng zusammen mit drei medizinischtechnischen Assistenten: John, Jim und Julia – brillante Köpfe, feine Menschen. Sie passten hierher, ebenso wie Gisela, die sich mit der Zeit doch besser zurechtfand. Ihre innere Ruhe kehrte zurück.

Im Sekretariat herrschte unumstritten das zehn Jahre ältere Fräulein Maria Schaake. Hier suchte Gisela auch beruflich Anschluss, lernte Schreibmaschine, schrieb Telefonnotizen und tippte die Forschungsergebnisse ab, die aus dem Labor geliefert wurden. Nach ganz kurzer Zeit stieg sie zu Marias Abwesenheitsvertreterin auf.

Wir drei bewohnten ein Haus für Bedienstete, das einige Kilometer vom Haupthaus entfernt in Richtung Dießen lag. Öde und geschmacklos animierten die leeren Räumlichkeiten unter normalen Umständen nicht zu längerem Verweilen. Ein Flüchtlingsschicksal. Doch wir hatten ein Dach über dem Kopf und die Heizung funktionierte und auch kaltes Wasser war vorhanden. Es gab jedoch viel zu tun.

„Was für eine Zukunft erwartet uns? Wir können hier doch nicht ewig bleiben. Auf anderer Leute Kosten zu leben, das geht auf Dauer nicht – selbst, wenn die Leute aus unserer Familie kommen."

Wir beiden Buben kämpften täglich mit dem Verlust, keinen Vati zu haben. Ich wusste von meiner Mutter, ein Hans von Herz hatte uns den Namen gegeben. Das füllte die Lücke nicht, die mich quälte. Trotz der schönen Mutti und der liebevollen Großmutter Sophia und auch trotz des bedeutenden Onkels, der Gisela stets aufmerksam behandelte. Meine Mutter setzte viel Einfühlungsvermögen in mehreren Gesprächen mit uns Kindern ein und erzählte eine erfundene Geschichte, die viel von ihr selbst verriet:

„Wie im Märchen kann es im wahren Leben geschehen; plötzlich kommt ein neuer Mann ganz unerwartet, der zu uns dreien passen wird."

Ich fragte mit großen Kulleraugen, wie er denn aussehe, ob er eine glänzende Rüstung trage und wie ein Ritter auf einem schwarzen Pferd daher geritten komme. Gisela holte mich sanft auf den Boden der Wirklichkeit zurück:

„Nein, es wird wohl eher so ein Mann sein wie Onkel Manfred mit Hose, Hemd und Jackett."

Ich hatte begriffen, Manfred konnte nicht wirklich infrage kommen, denn er war mit Tante Maria verheiratet. Die nächste Zeit hielt ich erwartungsvoll Ausschau nach Männern mit Hose, Hemd und Jackett. Schnell sollte ich fündig werden, überraschend schnell.

Unkompliziert fügte sich Gisela in die ihr zugeteilte Arbeit und bekam schließlich sogar von Fräulein Maria Schaake Anerkennung. Ausgerechnet von ihr. Denn sie sah in der Neuen eine starke Konkurrenz, die vollkommen unerwartet auf sie zugekommen war. Sie zeigte gerne ihre gut geformte Figur. Der Wettbewerb zwischen den beiden Frauen war mit Händen zu greifen. Filigraner erschien Gisela, zerbrechlicher und vielleicht attraktiver; was Geschmacksache war. Wenn man es auf einen Nenner bringen wollte: Maria überzeugte als reife Frau, war dominant, hübsch, stets offensiv und fast einen Kopf größer als die vermeintliche Rivalin. Gisela schien verletzbarer und schutzbedürftiger; sie war ein Flüchtling und übte sich in fast mädchenhafter Zurückhaltung.

Schaake gefiel vielen und sie machte keinen Hehl daraus, unverheiratet zu sein. Keine Bindungen, keine Kinder, keine Familie hinderten sie, aktiv auf die Männerwelt zuzugehen. Schnell erkannte sie die Gefahr, Manfred könnte von der jungen, auffallend schönen, wenn auch etwas scheuen Gisela eingenommen werden.

1945 – Hans trifft Elvira

Es ist Frühsommer 1945. Hans von Herz nimmt den Zug von Riederau am Ammersee nach München. Die nicht zu geringe Menge an Geldscheinen, die Onkel Manfred ihm etwas kaum merklich zugesteckt hatte, verbirgt er sorgfältig in seiner Jackentasche, von einem Reißverschluss gesichert. Nach allen Seiten schaut er, ob jemand ihn beobachtet hat.

Es grenzte an ein Wunder, dass die Eisenbahn ein paar Wochen nach Kriegsende, so kurz nach der bedingungslosen Kapitulation, den Betrieb wieder hatte aufnehmen können. Erst vor kurzem hatte Generalfeldmarschall Wilhelm Keitel die militärische Niederlage gegenüber der Roten Armee anerkennen müssen; er schien anlässlich der Unterzeichnung der Urkunde die neue Situation noch nicht begriffen zu haben: So stolz und hochmütig, wie er der russischen Siegermacht mit seinem erhobenen Marschallstab gegenübersaß. Das Signum verflossener Macht schmückten zahlreiche Edelsteine, während ganz Deutschland hinter ihm niedergedrückt in Schutt und Asche lag. An das Wort *Befreiung* dachte dabei fast niemand.

Hans wollte weiter durch das zerstörte Land über Nürnberg in Richtung Wilhelmshaven. Hier hatte er vor Kriegsbeginn sein Assessor-Examen im Bahnwesen absolviert. Vor Nürnberg trat eine Frau in sein Abteil, eine nette Person mit leicht bäuerlichem Gesicht. Sie machte auf sich durch eine gewisse Derbheit aufmerksam; etwas Animalisches ging von ihr aus. Eine Geruchsmischung aus Mottenpulver und Kochseife erfüllte plötzlich den Raum, leicht überdeckt von etwas Kölnisch Wasser. Vielleicht auch eine Spur Jasmin. Die Frau setzte sich weit von ihm weg, in eine weit entfernte Ecke des Abteils. Das richtete sich nicht gegen Hans, sondern war ein Verhalten, das sie sich aufgrund von früheren Erfahrungen angewöhnt hatte. Sie wusste, welche Wirkung sie auf Männer ausübte.

In ihrem grauen, etwas abgestoßenen Wollkostüm, was für jene Zeit nicht ungewöhnlich war, verbreitete Elvira eine gewisse ländliche Eleganz. Die zwar hohen, aber nicht ausfallend schön geformten Pumps passten sich der Erscheinung an. Etwas über 35 Jahre wird sie sein, dachte Hans und fuhr sich leicht angespannt durch die während des Krieges lichter gewordenen Haare.

Die Sonne drückte. Unterdessen füllte sich das Abteil mehr und mehr, die Luft flirrte von Staub und anderen, zum Teil undefinierbaren Partikeln. Elvira stand auf, blickte sich um und zog dann ihre Kostümjacke aus. Darunter kam eine durchbrochene weiße Bluse zum Vorschein.

Mit einem Mal war Hans hellwach; diese Frau musste er kennenlernen. Wann sonst, wenn nicht jetzt? Er rauchte Senoussi, ein Abschiedsgeschenk von Manfred; türkische Zigaretten, oval gerollt und mit einem Goldring. Er bot sie mit einem charmanten Lächeln an, das er sich über die Kriegszeiten hinweg hatte bewahren können:

„Bitte, nehmen Sie gerne eine von den Zigaretten; sie sind aus dem Orient und sehr aromatisch", sagte er. Sie beugte sich etwas nach vorne, was ihr nicht zum Nachteil gereichte. Dann bot er ihr Feuer an, sie zog leicht an der entzündeten Zigarette und lehnte sich, die Beine langsam übereinanderschlagend, entspannt zurück. Das hatte etwas Kokettes. Im Gegenzug versprach auch sein Lächeln mehr als nur ein Lächeln, das wusste er.

1939 – Begehrter Junggeselle

Vor der Heirat mit Gisela galt Hans von Herz in seinen Hannoveraner Studentenkreisen als der begehrte Junggeselle schlechthin. Mutters Elternhaus stand nicht weit von seiner Bude entfernt. In diesem Viertel lagen die großen Häuser der führenden Studentenverbindungen; Hans gehörte der Saxonia an, einer katholischen Verbindung. Gisela nahm eines Tages die Einladung eines anderen Studenten *aufs Haus* neugierig an, um erstmals als *Couleur Dame* an einem Stiftungsfest teilzunehmen.

Viele der deutschen Studentenverbindungen trugen die Farben (frz.: *couleurs*) ihrer Verbindung an Mütze oder Jacke zur Schau. Heinrich von Kleist beklagte 1809 in seinem Essay *Vaterländische Texte* anschaulich die Erniedrigung der deutschen Staaten und Fürstenhäuser durch Napoleon. Was wollte Napoleon in Deutschland? Französische Könige, besonders diejenigen mit dem Namen Ludwig, hatten seit Jahrhunderten gegen die Ostgrenze, gegen den Rhein und darüber hinaus gedrückt. Ludwig XIV. zerschoss das rechtsrheinisch gelegene Heidelberger Schloss. Napoleon war Anfang des 19. Jahrhunderts der letzte, der über den Rhein Richtung Osten wollte. War es da überraschend, dass Ende des 19. Jahrhunderts (1871) zurückgedrückt wurde? Die meisten Studenten träumten damals als Reaktion auf die deutsche Hilflosigkeit Frankreich gegenüber von einer starken, geeinten Nation. Was sich in den Farben schwarz-rot-gold manifestierte. Sie galten als Bekenntnis. 1848 war die Einheit noch nicht gelungen.

Hans verliebte sich ohne große Umschweife in die schwarzhaarige, zarte, feine Frau. Gisela fühlte sich geschmeichelt, von diesem jungen Herrn umworben zu werden. Das war der Beginn der Beziehung von Hans von Herz und Gisela Hermkes.

Hans schaute Elvira unumwunden in die Augen. Sie lächelte ein wenig zurück, jedoch mit der gebotenen Zurückhaltung. Ihre

Augenpartie fand er ausgesprochen hübsch, die vollen Lippen dagegen wirkten etwas derber. Es stellte sich heraus, dass sie aus Hildesheim stammte und dort in extrem bescheidenen Verhältnissen wohnte. Aus zwei Ehen nannte sie sechs Kinder ihr Eigen. Die zweifach verwitwete, alleinerziehende Mutter verfügte als Stütze lediglich über einen Onkel namens Harald. Aber der war bereits 76 Jahre alt und gebrechlich.

Sie nahm noch eine zweite Zigarette. In Hildesheim stiegen sie aus, auch Hans, so spontan wie unweigerlich. Es lag etwas Schicksalhaftes in ihrer Begegnung, das spürten sie beide und das machte sie zufrieden. Mit dieser Begegnung hatten beide nicht gerechnet. Sieben Jahre blieb Hans bei Elvira. Kinder hatten sie nicht mehr zusammen. Später erzählte er mir:

„Ich bin aus sozialer Verantwortung bei Elvira geblieben; sie hat mich wirklich gebraucht."

Doch das war sicherlich keine Einbahnstraße. Hans suchte ebenso wie Elvira Geborgenheit, er verspürte wie sie Sehnsucht nach Heimat. Und über allem gab es das ständige, drückende Verlangen nach regelmäßigem Essen. Dem Jahr 1945 sollten noch schlimme Zeiten des Mangels folgen und 1946/1947 herrschte zusätzlich eine extreme Winterkälte. Die spätere Heirat sei nur die Konsequenz einer besonderen Verpflichtung in dieser schweren Zeit gewesen, meinte der Vater wiederholt fast entschuldigend. Der Alltag bestand aus Steineklopfen, nachts wurden die von Bahnwaggons heruntergefallenen Kohlen aufgelesen und das abgeerntete Feld ein drittes Mal nach verlorenen Ähren abgesucht. Auf den Straßen: Männer mit einem Arm oder einem Bein, Verwundungen an Kopf und am Körper, Kinder, die immer noch verzweifelt ihre Eltern suchten, und massiv traumatisierte Frauen. Wo man auch hinblickte: man sah stabile Hoffnungslosigkeit.

Von Hildesheim streckte Hans die Fühler nach Wilhelmshafen aus, nach der dortigen Universität. Es sollte weitere fünf Jahre dauern, bis er einen Hilfsposten in der Bibliothek bekleiden durfte. Zwischenzeitlich schlug er sich mit Elviras Hilfe und der Unterstützung des Onkels mehr schlecht als recht durch. Die städtische Sozialwohnung kostete wenig. Man überlebte, wie fast alle anderen Menschen auch.

Dann begann der von den USA initiierte Marshall-Plan – der Morgenthau-Plan (Deindustrialisierung Deutschlands) wurde Gottlob nie realisiert – seine stimulierende Wirkung auf die kaputte deutsche Wirtschaft zu entfalten. Hinzu kamen eine Währungsreform und ein neues Ordnungssystem, die Soziale Marktwirtschaft. Das Londoner Schuldenabkommen, das die Verbindlichkeiten des besiegten Deutschlands minderte, tat ein Übriges und förderte den Wiederaufbau. All dies machte die Bevölkerung immun gegen die kollektivistischen Tendenzen, die in Ostdeutschland unter dem Druck der Sowjetunion mehr und mehr um sich griffen. Die dort lebenden Menschen ergaben sich in ihr Schicksal. Und rutschten ohne ihr Zutun in eine zweite Unterdrückung, in eine zweite Diktatur.

In den drei von den westlichen Alliierten besetzten Zonen (daher kam der rheinische Karnevalsschlager: *Wir sind die Eingeborenen von Trizonesien*) konnte sich der Wunsch nach Freiheit weitgehend ungestört entfalten. Demokratie wurde geübt und gelebt. Die Siegermächte USA, Frankreich und Großbritannien fungierten als Geburtshelfer.

Ohne die wirtschaftliche Unterstützung der Amerikaner hätte das politische Spiel auch anders ausgehen können. Der kommunistische Herrschaftsraum hätte dann bis Luxemburg reichen können. Ob er sich mit dieser Begrenzung auf Sicht zufriedengegeben hätte? Wohl kaum. Bis Paris, Le Havre oder Lyon wäre es dann nur noch ein Katzensprung gewesen.

1950 – Hans beruflicher Neubeginn

Durch die Beschäftigung ab 1950 in Wilhelmshaven in der Universitätsbibliothek mutierte Hans von Herz zu einem Pendler, am Wochenende wohnte er bei Elvira in Hildesheim, unter der Woche in Wilhelmshaven. Das konnte auf Dauer nicht gut gehen. Zwei für ihn positive Ereignisse gaben etwas später das Signal zum Aufbruch: eine neue Frau und eine neue Betätigung.

Die Universität erhielt nach und nach Forschungsaufträge der Deutschen Bundesbahn. Man erinnerte sich an den jungen Ingenieur, der in der Bibliothek Kalfaktoren-Dienste leistete und vor Kriegsbeginn seinen Assessor bei der ehemaligen Reichsbahn absolviert hatte. Zunehmend voll mit wissenschaftlichen Aufgaben in den Universitätsbetrieb integriert, stattete man ihn nach 15 Jahren mit einem Lehrauftrag über „Transportoptimierung der Güter im innerdeutschen Fernverkehr" aus.

Das zweite glückliche Ereignis hieß Katherina; eine zehn Jahre jüngere Kriminaloberinspektorin aus Oldenburg, die zwar nicht Aussehen und Aura einer Maria Furtwängler zu bieten hatte, aber mit ihrer die weiblichen Rundungen auffangenden Konfektionsgröße 48 kam sie seinem nun mehr zur Fülle neigenden Geschmack entgegen; zumal sie nicht sonderlich groß gewachsen war.

Sie hatten sich in einem Biergarten kennengelernt. An diesem Abend saßen noch einige andere Männer in Katherinas Nähe und sie wusste, warum. Aber Hans, der Frauen-Verführer, siegte mit Senoussi und einem Lächeln, das nach wie vor äußerst einnehmend war. Für Katherina reichte es allemal. Er empfand bei dieser Frau ein bisher kaum gekanntes Verlangen nach Körperlichkeit. Leicht, fast als ob es ohne Absicht geschah, streifte er im Vorbeigehen ihr Hinterteil. Was sie mächtig in Erregung brachte. Auf dem Nachhauseweg kamen sie sich schnell näher. Sie waren nicht mehr 18 Jahre alt und ausgehungert. Ihre Sehnsucht galt einem Neuanfang.

1945 – Am Ammersee zu Gast

Wir Kinder fanden uns nur schwer mit den neuen, verwirrenden Umständen ab. Trotz aller Herzlichkeit, die uns und der Mutter entgegengebracht wurde, spürten wir, dass wir nur Gäste waren. Ungebetene Besucher konnte man uns zwar nicht nennen. Aber stete Rücksichtnahme und das Gefühl, dankbar sein zu müssen, schränkten über Monate unsere geistige Beweglichkeit ein. Wir sehnten uns nach einem eigenen Zuhause: Mit einem Vater, einer Mutter und – wenn möglich – mit Söffchen, der bewunderten Großmutter. Man könnte sagen, wir Kinder lebten mit angezogener Handbremse.

Weihnachten 1945: Deutschland mitten in der Katastrophe des absoluten Mangels. Am Ammersee lebten wir dagegen wie im Schlaraffenland. Der Großhaushalt verfügte über alles, was sonst nicht vorhanden war. Es gab Lebensmittel ohne Einschränkung, denn die Currys lebten auf dem Land. Eigene Viehhaltung, auch Kleinvieh, gehörte ebenso wie diverse Gemüsegärten zum Anwesen. Und eine ausreichende Zahl an Bediensteten, die den Großhaushalt versorgten, gingen Manfred und Maria zur Hand.

Manfred wurde in der Gegend verehrt. Man stellte ihm alles, was zum Leben notwendig war, zur Verfügung. Er selbst konnte viel zurückgeben, auch als Arbeitgeber. Und aus den USA bezog er Dinge, an denen es zu Hause grundsätzlich mangelte; in der Nachkriegszeit umso mehr. Die Pakete enthielten französisches Parfüm und Seidenstrümpfe mit Naht, wie es damals modern war. Wir Kinder stürzten uns auf die Vollmilchschokolade, die, in hellblauem, glänzendem Papier eingewickelt, so ganz anders schmeckte, als das was wir bisher gekostet hatten. Sie zerschmolz sanft und herbsüß auf der Zunge. Auch frische, tiefzuckrige Mandarinen erfreuten unsere Herzen. Es war das erste Mal, dass wir in unserem jungen Leben ein solch herrlich aromatisches Geschmackserlebnis erleben durften. Der Saft lief manchmal seitlich aus den Mündern; Schimpfe gab es nicht.

Großmutter Sophia lebte abwechselnd bei ihren Töchtern: Ein halbes Jahr in Hannover und den Rest des Jahres in Riederau. Während des Krieges war der Ammersee sogar ihr ganzjähriges Zuhause geworden, denn Hannover hatte aufgrund der Lage in der Einflugschneise nach Berlin schwer unter britischem Bombardement zu leiden. Je besser die Luftabwehr um Berlin in den ersten Kriegsjahren noch funktionierte und angreifende Maschinen abweisen konnte, desto stärker traf es die Großstadt Hannover.

Denn sie verfügte, da sie als relativ unwichtig eingeschätzt worden war, über eine schwache Flakverteidigung. Dann über Berlin abgewiesen, wollte kein Pilot das hohe Risiko eingehen mit Bomben vollgepackt zu den englischen Flughäfen zurückzukehren. Am Ärmelkanal lauerten die deutschen Jäger. Deshalb luden sie doch die tödliche Fracht lieber sicherheitshalber vorher über diesem schwach verteidigten Hannover ab. Magdeburg erfuhr das gleiche Schicksal.

Im Werkbuch* der damaligen Continental Gummiwerke AG in Hannover ist ein Eintrag zu finden, in dem 18 Bombentreffer in einer Nacht auf das Reifenwerk Vahrenwald festgehalten wurden. Zu allem Unglück forderte das Berliner Amt Speer am nächsten Tag den Vorstand auf, mitzuteilen, was an Rohstoffen und Menschen benötigt würde, um 60 000 Gasmasken herzustellen.

Der Verlust von 20 Prozent des Rohmateriallagers erleichterte die Antwort nicht. Erfüllung des Befehls war angesagt und sich Verweigern konnte als Sabotage ausgelegt werden. Die Drohung, der Gauleiter würde mit Verstärkung kommen und das Ganze die nächsten Tage genau begutachten, machte Beine. Für die Fertigung der Gasmasken, funkte Conti nach Berlin, brau-

---

* zur Nazizeit mussten Unternehmen ein solches Buch führen

che man so viel an Material und sechshundert Arbeitskräfte. Der für die Beschaffung von Personal verantwortliche Obernazi Fritz Sauckel (in Nürnberg hängte man ihn!) fuhr einmal mit seinem breiten Menschenfänger durch Osteuropa. Bald standen in Hannover sechshundert Frauen aus Weißrussland, aus Polen und der Ukraine am Band. Zwangsarbeiterinnen, die der Conti verordnet worden waren. Wehrlos war der Vorstand. Das Geschäft hatte man nicht gewollt. Der sehr schmale Gewinn von rund 2 Prozent wurde von Berlin diktiert.

Ich schaute Söffchen sehr gerne an. Ein warmes, bescheidenes Lächeln huschte häufig über ihr Gesicht. Glücklich strich sie sich über ihr hoch aufgetürmtes graublauweißes Haar, das kunstvoll drapiert wie eine hohe Haube über diesem liebevollen, fein gezeichneten Gesicht aufragte; ein Gesicht, so empfand ich es, welches an großmütterlicher Eleganz und zurückhaltender Verschmitztheit schwer zu übertreffen war.

Die verehrte Großmutter trug ihr graues, lose fallendes Kleid, das in einem früheren Leben eine Gardine hätte gewesen sein können, denn der Stoff war durchzogen von weißgraugrünen Querstreifen. Dazu duftete sie nach frischen Maiglöckchen gemischt mit Limonen-Estragon. Ein Duft, der mir ein Leben lang unvergesslich in Erinnerung blieb. Söffchen hielt sich, es gehörte sich so, kerzengrade; ihr großmütterlicher Busen war dann nicht zu übersehen, obwohl ihre Garderobe eher locker gearbeitet war. Eine ovale Brosche, groß wie ein Handteller, schmückte das Kleid, mit einer weißbläulichen Gemme in der Mitte. Ein opulenter Goldrand, der gewunden seine Bahn zog, umkränzte sie. Außerdem die zwei Eheringe; selbstverständlich trug sie den ihres verstorbenen Mannes. Um das linke Handgelenk rundete eine fein ziselierte Uhr Schweizer Herkunft dieses Bild ab. Ihr Mann, Jacob Hermkes, hatte sie in Zürich Ende der 30er Jahre auf der Bahnhofstrasse erstanden. Als Konstrukteur moderner, leistungsfähiger Lokomotiven und Entwickler von anderem Gerät arbeitete er bei der Hanomag AG in Hannover-Ricklingen. Als Dipl. Ing. verfügte er über eine große Reputation in Kontinentaleuropa und im Osmanischen Reich. Stichwort: Bagdad-

Bahn. Für seine Leistungen erhielt er zu seinem 60. Geburtstag eine fette Prämie in Höhe von 10 000 Reichsmark. Das gab es selten. Die Hälfte investierte er in diese Uhr als Geschenk für seine Sophia zum 30. Hochzeitstag.

Robert Hermkes war als einziger Sohn der ganze Stolz von Sophia. Ihre beiden Töchter Gisela und Maria liebte sie nicht minder, aber für eine Mutter ist ein Sohn ein Sohn. Er führte in der bürgerlichen Hannover-List eine erfolgreiche Zahnarzt Praxis. Gezwungenermaßen verlegte er sie für mehrere Jahre nach Osten.

„Unter knappen Zeltplanen, zwischen schwankenden Baumstämmen aufgespannt, bei Regen und peitschendem Ostwind vor Kiew liegend, Zähne zu ziehen, Löcher zu bohren und Wurzeln zu besänftigen, das war mir so nicht im Studium vermittelt worden", erzählte er anlässlich eines Heimaturlaubs. Aber das Vaterland hatte gerufen, ein Ausweichen gab es nicht; es war vielleicht auch nicht gewollt. Einer Mitgliedschaft in der NSDAP konnte er nicht aus dem Wege gehen. Als Arzt in der Wehrmacht gab es keine Wahl.

Da er im Grunde ein unpolitischer Mensch war und auch zu Hause das Thema *Drittes Reich* nicht diskutiert wurde, geriet er nie in Probleme. Die Landser im Feld zahnärztlich zu versorgen, war sein Beruf. Dass Hitler Polen und Russland überfiel, das hatte er nicht gut geheißen. Aufgehalten hätte er die ganze Entwicklung nicht, ein Stauffenberg steckte nicht in ihm. Also fügte er sich in die typische Rolle des Mitläufers. Was ihm von den Alliierten keinen Vorwurf einbrachte.

Das Überraschende geschah. Oma Sophia wusste aus Zeitung und Radio, dass nur ganz selten die Männer lebend oder unverletzt aus diesem Wahnsinnskrieg heimkehrten. Aber im Sommer 1945 kamen zuerst ihr Sohn Robert und dann auch noch ihr Schwiegersohn Hans von Herz gesund zurück. Das war ein unvergleichliches Glück.

Vater Hans war kurz vor Kriegsende nach Norditalien – daher die braune Gesichtsfarbe – abkommandiert worden. Er bekam dort von den Amerikanern die Freiheit. Sein Schwager

Robert Hermkes war dagegen abenteuerlich aus Russland geflohen. Er erreichte mit Hilfe eines Schutzengels Deutschland auf der Höhe von Görlitz.

Nun konnte Robert seine Verlobte Helga, die wie tausend andere Frauen auf ihren zukünftigen Mann gewartet hatte, endlich heiraten. Doch schon ein Jahr später starb er an Rückenmarkkrebs. Welch ein Hohn des Schicksals! Trotz allem verlor Sophia nicht ihre Zuversicht in Gott.

1928/1953 – Manfred, der Alleskönner

Wir waren als Flüchtlinge bei den Currys untergekommen. Den Gastgeber Onkel Manfred zu charakterisieren, könnte auf die Bezeichnung *Universalgenie* hinauslaufen.

„Nein, diese Wortwahl wäre nicht zu hoch gegriffen", meinte Söffchen.

Im Hauptberuf war er Mediziner. Seine Arbeit konzentrierte sich auf die Frage, durch was für Umweltfaktoren wird der Mensch in seinem Wohlbefinden und in seiner Gesundheit beeinflusst? Was damals ein durchaus sehr moderner Ansatz war. Begonnen hatte er die Forschungen 1930. Jahre später publizierte er die Ergebnisse in seinem grundlegenden Buch *Bioklimatik*.

Daraufhin unterteilte er die Menschen in unterschiedliche Typen: in W-, K- und G-Typen. Diese stellte er 1949 in seinem bekanntesten Buch *Schlüssel zum Leben* vor. W-Typen seien, vereinfacht erklärt, eher wärmere Menschen, auch in ihrem Äußeren. K-Typen sind eher das Gegenteil davon, während G-Typen eine Mischform darstellen. Seinen Beobachtungen zufolge reagieren manche Menschen „auf einen bestimmten Luftchemismus mit Wohlbefinden", andere „mit Verschlechterung des Befindens oder mit Krankheit", und wieder andere sind „mehr oder weniger unempfindlich für chemische Veränderungen der Luft."

Da lag er nicht falsch. Denn es ging um die Krebsforschung. Sie bewegte und bewegt die ganze Menschheit nachhaltig. Manfreds Entdeckergeist lief mehrspurig. 1932 veröffentlichte er in *Flug und Wolken* seine für die Luftfahrt entscheidenden Erkenntnisse. Dornier, Eckner, Fieseler, Fokker, Junkers, Udet u. a. gaben ihm *ihr Geleit*.

Später verfeinerte er seine Forschungen und legte die Resultate schließlich in *Attraverso I Cieli* dar; den Prolog verfasste der Nobelpreisträger Italo Balbo. Es folgte das Buch *Nubi, Ven-*

to e Aqua – Wolken, Wind, Wasser. Sie sollten für die Fliegerei, für das Segeln und die Schifffahrt wichtig werden. Ganz nebenbei erfand er die so genannte Curry-Klemme, eine schnell zu bedienende Klemme für Schoten auf Segelbooten. Sie findet noch heute Verwendung.

Manfred Curry liebte auch den Segelsport. Die internationale Segler-Familie fürchtete stets seinen Auftritt. Eine Gold-Medaille und zwei Bronze-Medaillen hatte er bei Welt- und Europameisterschaften gegen starke internationale Konkurrenz gewonnen. Häufig attackierten Unbekannte seinen *Tiger*. So hieß das auf dem Ammersee liegende Schiff. Mit der ersten Frau Flavar Hazel gelangen ihm zudem Erfolge in einer anderen Sportart: im Eiskunstlaufen. Hazel zeichnete sich durch eine kapriziöse Herbheit aus. 1928 errangen sie zusammen bei der Olympiade in St. Moritz eine Silber-Medaille. Die Ehe ging freundschaftlich auseinander.

Er nahm die allgemeine Bewunderung und Verehrung gelassen hin. Er wusste um die Vergänglichkeit des Ruhmes. Er starb viel zu früh – ausgerechnet an Krebs, obwohl Tabak und Alkohol nie seine Freunde gewesen waren.

1946 – Gisela begegnet Oskar

Es war Frühling 1946, die Scheidung von ihrem Mann Hans noch nicht ausgesprochen, und sie war nun schon fast drei Jahre zu Gast bei Schwester und Schwager. Mit tiefem Ernst blickte sie die Zukunft. Sie wusste, eine Veränderung würde kommen, aber wann und welche?

„Wer wird es sein, auf den ich treffe? Wie wird es sein, wenn ich ihm begegne? Habe ich dieses Mal mehr Glück, wenn ich mich entscheide? Oder er sich? Habe ich mich in den letzten drei Jahren verändert, hier im sicheren, aber abgelegenen Versteck am Ammersee? Wie sehen die Frauen draußen in den großen Städten aus?"

Sie fühlte sich leicht unsicher. Doch zeigen wollte sie dies niemandem. Dabei gab es keinen Grund, wie schon allein das Interesse Manfreds signalisierte. Sie ist eine Frau, die man gerne anschaut, sinnierte er. Ihr selbst geschneidertes Kostüm bestand aus einem Glockenrock, unter dem sich lässig ihre schmalen Hüften versteckten; ein Glockenrock mit breiten schwarzweißen, diagonal laufenden Farbstreifen. Das weit geschnittene weiße Oberteil mit Fledermausärmeln verbarg ihre reizvolle Figur und brachte ihre tiefschwarzblauen Haare erst richtig zur Geltung. Die Erscheinung, zart und trotzdem augenfällig: eine Frau zum diskreten Hinschauen.

Das begriff Oskar Sommer sofort. Er betrat begleitet von Manfreds Frau Maria ohne großes Geräusch die Wohnhalle. Von hier gingen zur linken Seite ein geräumiges Esszimmer und zur rechten eine verwinkelte Bibliothek ab. Onkel Manfred hatte in München geschäftlich zu tun und so war Tante Maria zum Bahnhof gefahren, um den alten Freund abzuholen. Man hatte sich längere Zeit nicht mehr gesehen, umso herzlicher war die Wiedersehensfreude. Ins Curry-Haus zurückgekehrt, machte sie ihn mit Gisela bekannt, vermeldete routinemäßig die jeweiligen Hintergründe, wer, wann, wo und warum nun hier und nicht woanders sei. Sie reichte einen Campari mit Eis, Soda und Zitrone. Oskar konnte die Erfrischung nach der langen Reise von der Mosel nach Südbayern gut gebrauchen. Er war dankbar.

Es kam häufig vor, dass Maria geschäftliche Besorgungen, aber auch gesellschaftliche Verpflichtungen dieser Art zu übernehmen hatte. Sie war eine zupackende, moderne Frau, die sich nicht lange mit Nebensächlichkeiten aufhielt. Vielleicht war sie deshalb nicht ganz aufmerksam, denn sonst hätte sie sicher bemerkt, wie sich zwei Augenpaare mit Erstaunen abtasteten, voller überraschter, verborgener Verwunderung, ob dieser unerwarteten Begegnung. Meine Mutter Gisela meinte zu sich:

„Der Mann hat etwas Besonderes; Achtung, Vorsicht! Aus Berlin – der alten Hauptstadt. Da kennt er sicherlich zahlreiche schöne und interessante Frauen. Wahrscheinlich ist der Mann gar verheiratet."

1935 – Operettensängerin Maria

Manfred und Maria lernten Oskar per Zufall Mitte der Dreißigerjahre in Dresden kennen. Hitler war damals schon gut zwei Jahre absoluter Herrscher. Maria arbeitete als Operettensängerin und füllte ihr erstes bedeutendes Engagement mit der Ernsthaftigkeit einer aufstrebenden Künstlerin aus. Der junge Arzt und Forscher Manfred Curry begleitete sie nicht ohne Hintergedanken. Sie sollte ihm nicht entwischen. Er plante mit dieser Frau eine gemeinsame Zukunft. Sie tat lange Zeit unbeteiligter, als sie es letztlich war. Manfred verfiel dieser Frau, die seine Muse werden sollte. In jeglicher Hinsicht.

Oskar Sommer war in erster Ehe mit der mittleren Tochter der Bier-Dynastie Simon aus Bitburg verheiratet. Als etwas spießig, ausnehmend sparsam und sehr vermögend galten sie. Ohne seine Ehefrau war er 1935 nach Dresden zu einem Modekongress gereist. Seine Frau wollte ihn nicht begleiten, sie hatte den Besuch einer Dichterlesung mit Paul Celan vorgezogen. Er wählte in der Semper Oper eine Aufführung, das Stück ist nicht bekannt, es war wohl eine Operette der leichteren Art, sagte man. Nach der Vorstellung geriet er in ein Künstlerlokal mit Kabarett. Heute residiert dort das Kleinkunsttheater *Herkuleskeule*.

Dort lernten sich die beiden Männer, Oskar Sommer und Manfred Curry, begleitet von der Sängerin Maria Hermkes, kennen. Man freundete sich an, versicherte sich nach dem Tausch der Visitenkarten des gegenseitigen Besuchs, wie man es dutzende Male bei vergleichbaren Begegnungen getan hatte. Allerdings stets ohne bleibende Resonanz. Diesmal jedoch sollte es anders kommen. Oskar, Maria und Manfred knüpften enge, freundschaftliche Bande.

Man besuchte sich regelmäßig. Politischen Diskussionen über den *Österreicher* gingen sie aus dem Weg: Manfred und die anderen wussten, dass er als Amerikaner unter besonderer Beobachtung stand, die Gestapo hatte ihre Augen und Ohren überall. Und er wollte seine zahlreichen Interessen und Talente nicht einer *irren* Politik opfern.

Tochter Monika aus der Ehe mit der Bier-Tochter, sowie Sylvia und Charly, die Curry-Kinder, sie kannten sich gut. In der Zwischenzeit war Oskars Ehe zerbrochen, ohne allerdings Probleme zu hinterlassen. Seine Frau war zufrieden, dass er das Mädchen zu sich nahm. Sie wollte wieder frei sein für ihre Künstler, ihre Geliebten und Freunde. Er war ihr zu geschäftlich, zu preußisch, zu wenig musisch gewesen.

Als Oskar nun vor Gisela stand, überragte er sie mit seinen 1,84 Metern um einiges, lag sein Haar sorgsam nach hinten gekämmt auf einem Kopf, der für diesen hohen Körper etwas zu klein geraten schien. Seine Augen, seine Nase ähnelten ein wenig einem Habicht und strahlten Klugheit und Güte aus, auch wenn diese Attribute nicht unbedingt zu einem Raubvogel passen wollten. Und Charme erkannte Gisela, etwas, was sie zuvor mit einem Preußen nicht zwangsläufig in Verbindung gebracht hätte.

Die Familie, die drei Schwestern (er war der Jüngste) und der als Textileinzelhändler erfolgreiche Vater prägten Oskars Entwicklung. Diese Mitgift von Abstammung und Erziehung gab ihm Sicherheit und förderte seine Entfaltung zu einem jungen, selbstbewussten Mann. Aber er litt darunter, mit welcher Begründung seine strenge Mutter ihn aus dem zweiten Semester Betriebswirtschaftslehre gerissen hatte, damit er das Stammhaus für seinen zwischenzeitlich schwer erkrankten Vater übernehme. Für ihn als einzigen Sohn war diese Form der Pflichterfüllung eine Selbstverständlichkeit; in ein paar Jahren wäre er nach dem Examen sowieso *dran* gewesen. Wenn ihn nur nicht dieses schlimme Argument so kalt erwischt hätte:

„Du hast das jetzt zu tun, damit deine drei Schwestern Erna, Melitta und Carola Akademiker heiraten können."

Punkt! Widerspruch einfach zwecklos. Die Mutter hatte ihn ungebührlich schroff angeherrscht: Er, so folgerte Oskar mes-

serscharf, würde in Zukunft der einzige männliche Nichtaka-
demiker in der Familie sein. Eine unvorteilhafte Perspektive in
einer „beschränkten" Gesellschaft, die die Weimarer Republik
Mitte der Zwanzigerjahre verkörperte. So lehnte etwa die Casino Gesellschaft, der exklusivste Privatclub in Trier, konsequent
seinen Aufnahmeantrag ab.

„Dass der Herr Amtsrat nach einem Schmalspur-Juristen-
studium in irgendeinem städtischen Amt den Tag vor sich hin-
döst, um dann den Abend schwungvoll im Casino zu genießen",
das erschien Oskar unerhört, während man ihm, der achtzig
Menschen Arbeit gab, die Mitgliedschaft zu diesem vornehmen
Club verweigerte. Dieses Gehabe empfand er als gesellschaftli-
ches Mittelalter. Es war noch die Welt, die Paul Klee in der kleinen Zeichnung von 1903/1905 treffend zum Ausdruck bringt:
*Zwei Männer, sich begegnend, jeder den anderen in einer höheren
Stellung vermutend.*

Oskar litt darunter allerdings stärker als er sich selbst gegenüber zugeben wollte, noch viele Jahre sah er das Schild *Geschlossene Gesellschaft* vor seinem geistigen Auge. Rächen würde
er sich später: In Zeiten der jungen, aufblühenden Bundesrepublik, die die – tatsächlich lästigen – gesellschaftlichen Barrie-
ren der Weimarer Zeit nach und nach überwand.

Als Firmenchef führte er in Trier, wo er nach dem Zweiten
Weltkrieg sesshaft geworden war, ein gut organisiertes Leben.
Eine zweite Frau gab es nicht. Es drängelten zwar viele Damen
mit Aussehen und Format, denn nach 1945 war weniger wichtig, welchen Titel er trug, als die Sicherheit, die ein nicht unbe-
deutender Unternehmer zu bieten imstande war.

Es war wohl um die Zeit der Olympischen Spiele 1936. Eine
Zeit, in der *von oben* der Druck auf Juden und andere Unter-
drückte aus Propagandagründen gelockert wurde. Später nahmen viele Juden den Fluchtweg mit einem Schiff von Lissabon
nach Südamerika. Diese Route machte durch eine so absurde
wie traurige Begebenheit von sich reden: Im Jahr 1942 brachte
ein Schiff hundert von den Nazis verfolgte Juden nach Brasi-
lien. Das gleiche Schiff nahm auf der Rückreise hundert fana-

tische Hitleranhänger auf. Deutschstämmige Südamerikaner, die den gloriosen Endsieg ihres Idols nicht verpassen wollten.

Oskar und Gisela tasteten sich, immer noch überrascht von der unverhofften Begegnung, mit Blicken ab. Sie schüttelte sich und sagte zu sich, Zurückhaltung sei als Selbstschutz angesagt. Auch wenn Oskar nicht aussah wie ein Bonvivant; bei den Männern konnte man nie sicher sein. Sie stellte sich Oskar für einen kurzen Moment vor, wie er sie mit eher zögerndem Begehren in die Arme nimmt. Jahrelang hatte sie diese Nähe eines Mannes entbehren müssen. Ja, da war wieder das leichte Kribbeln.

„Jetzt nichts zertreten, was noch gar nicht richtig erblüht ist. Aber die Gedanken dürfen doch einmal kurz ein wenig spazieren gehen."

Es ging zu Tisch, Manfred und Großmutter Sophia kamen hinzu, gute Laune breitete sich aus. Auch Oskar übte sich in Zurückhaltung; die Enttäuschung mit seiner letzten Ehefrau hatte ihn etwas frauenscheu werden lassen. Doch nun war da diese Gisela mit ihren zwei Kindern, Dieter und Helmuth. Aber eine Potenzierung seiner Probleme, die er schon zur Genüge hatte, wollte er vermeiden. Trotzdem, diese junge Frau gefiel ihm ausnehmend gut. Einer so natürlichen, schönen Dame war er noch nicht begegnet. Nein, eine so anziehende Person hatte seine Wege weder in Berlin noch in Trier gekreuzt. Er bemerkte, wie er ein wenig zu zittern begann bei dem Gedanken, in den nächsten Stunden mit ihr alleine sein zu können. Auch bei ihm lag ein engerer Kontakt mit einem Menschen, der ihn wirklich interessierte, Jahre zurück. Zwei Entwöhnte trafen aufeinander. Sie dürsteten. Aber fürchteten gleichermaßen das Wasser.

Ja, an Problemen mangelte es Oskar nicht, denn seine Mutter Minna, Witwe und die heimliche Chefin des Hauses, war mit ihren weit über 70 Jahren streng, preußisch und kalt. Der Sohn solle seine Pflicht der Familie gegenüber tun. Sie trug stets schwarz und das entsprach ihrer täglichen Stimmung. Den Krähenhals, bei dem Alter nun wirklich nicht verwunderlich, versuchte ein breites schwarzes Band unsichtbar zu machen, geschmückt mit einem feinen, silbernen Glimmerfaden. Es wollte nie gelingen.

Die Witwenmutter bestimmte sein schmales Geschäftsführergehalt als Alt- und Mehrheitsgesellschafterin.

Die Ehe mit der reichen Bier-Tochter bedeutete für Oskar und seine Familie eine gesellschaftliche Aufwertung nicht nur in der Stadt, sondern auch in der Textilbranche. Mutter Minna zeigte sich mächtig stolz auf die Verbindung der beiden Häuser. Das frühe Scheitern der Ehe verzieh sie ihrem Sohn deshalb nie. Oskar fasste seine Beziehung zu seiner ersten Frau eines Abends bei einem süffigen Mosel-Riesling zusammen:

„Ich servierte ihr das Leben, das sie nicht brauchte."

Jeden Sonntag um elf Uhr hatte er am Katherinenufer anzutreten, um mit Mamachen Minna und Tantchen Paula, der Gesellschafterin der alten Dame, zu plaudern. Das traf ihn hart, meist sah er sich gezwungen, auch das Mittagessen dort einzunehmen. Seine Tochter konnte deshalb ungehalten werden. Sie wollte von ihrem Papi, der von Montagfrüh acht Uhr bis Samstag 14 Uhr die Geschäfte führte, mehr Zeit für sich. Sonntagnachmittag ging er zur Eintracht Trier 05. Die einzige Abwechslung, die er sich privat gönnte.

Am Ende des Tages verabschiedete er sich höflich korrekt von Gisela, wie es sich im Beisein der Gastgeber gehörte. Sie hatten nicht bemerkt, was die Beiden füreinander empfanden, ohne die Möglichkeit gehabt zu haben, es dem anderen mitzuteilen. Im Hinausgehen fand Oskar plötzlich eine Gelegenheit, Gisela seine Visitenkarte mit der geschäftlichen und privaten Telefonnummer zuzustecken. Sie zitterte am ganzen Körper wegen der Bedeutung, die sie dieser Geste beimaß. Sie steckte die Karte vor dem Einschlafen unter die Matratze, um sicher zu sein, sie am nächsten Morgen wiederzufinden. Zweimal machte sie in der Nacht die Probe: Ja, sie war noch am Platz!

Tags darauf schlich sie auf die Fernmeldestation in Dießen, sich laufend umblickend, ob jemand sie dabei beobachtete. Das wollte sie unter allen Umständen vermeiden. Es wäre ihr mehr als peinlich gewesen, bei dem Gang zum Telefonamt erwischt zu werden. Jeder im Dorf kannte diese gutaussehende, junge Frau und jeder wusste, dass sie bei den Currys wohnte und dass dort ein Fernsprechapparat installiert war. Sie wollte ihr Geheimnis möglichst lange für sich bewahren.

Erst zögerte sie einen Moment, um dann doch entschlossen in das muffige Gebäude einzutreten. Hier hatte sich seit dem Kaiserreich nichts verändert. Sie bat, nicht unterwürfig, dafür aber bewaffnet mit einem charmanten Lächeln, den schläfrigen Mann – sein Schild vor ihm wies ihn als Helmut Blütenschön aus – um eine freie Leitung. Für Kabine Zwei. Die Freigabe dauerte und dauerte. Der Beamte ging korrekt und verantwortungsbewusst vor. Die staatliche Schaltstelle für Kommunikation funktionierte; sie stöpselte gekonnt mit Umsicht und Ausdauer, gelernt ist gelernt. Gisela wurde zappelig, erhielt endlich die Freigabe und wählte mit zittrigen Fingern Oskars Telefonnummer. Während sie die Zahlenscheibe drehte – sie musste dreimal ansetzen, um die passenden Zahlen zu treffen –, dachte sie, er besitzt wohl jene Klasse, ihren Anruf nicht falsch zu verstehen. Und so war es auch.

Oskar, überrascht ihre Stimme zu hören, sagte ihr, wie sehr er sie bewundere für ihre Initiative, für dieses Überspringen althergebrachter Konventionen und wertete das Vorgehen als Zeichen ihrer Persönlichkeit. Die geheimen Verliebten versprachen sich ein baldiges Wiedersehen.

„In zwei Wochen komme ich mit meiner Tochter. Zum Kennenlernen und um die weitere Zukunft zu besprechen“, flüsterte er fast fragend in die Telefonmuschel. Wartete er auf einen Widerspruch ihrerseits? Sie gab vorsichtig zu erkennen, dass sie einverstanden sei. Es war naturgemäß ein Abtasten. Man kannte sich kaum. Gisela erstaunte das Tempo, mit dem er vorging. Sie kommentierte das nicht und sagte auch nichts weiter, aber sie dachte bei sich: Jetzt hatte er bereits das Wort *Zukunft* im Zusammenhang mit ihr benutzt. Und er ließ so wenig Zeit verstreichen, um sie wiederzusehen. Denn eine Reise von Trier nach Riederau, das wog schwerer als ein Ausflug vom Ammersee nach München. Es waren stramme 620 Kilometer. Vorbei an Bombenkratern und über notdürftig geflickte Brücken. Die Nazis hatten bei ihrem auf das Reichsinnere gerichteten Rückzug, wenn er über Flüsse führte, fast alle Brücken gesprengt. Bis auf die eine Wichtige: Diejenige von Remagen am Rhein. Die Amerikaner verhinderten in einer blutigen Schlacht ihre Zerstörung. Diesen Flussübergang nutzten dann die Befreier als Einfallstor ins Herz des Deutschen Reichs.

In den folgenden zwei Nächten schlief Gisela schlecht. Und dann hielt sie dem Druck nicht mehr Stand und offenbarte sich der Schwester und dem Schwager. Maria und Manfred zeigten sich wirklich überrascht, aber letztlich entzückt, dass ihr seit einiger Zeit alleinstehender Freund Gefallen an ihr gefunden hatte. Und sie an ihm.

1946 – Oskar und Gisela: ein Paar

Mutter Gisela erwartete Oskars Ankunft voll Ungeduld. Sie wusste, die nächsten Stunden würden entscheidend sein. Als er aus Trier kommend das Haus am Ammersee betrat, sorgten Maria und Manfred für einen ungestörten Spaziergang der beiden, die viel zu besprechen hatten. Das geschah am besten unter vier Augen.

Oskar öffnete ihr ein wenig unsicher die Tür, trat zurück und bot Gisela den Weg nach draußen in den Garten an. Sie hakte sich wie selbstverständlich bei ihm ein. Ein neues Gefühl übermannte sie, das Gefühl, zum ersten Mal sicher und verlässlich geleitet zu werden. Durch hohe Schuhe begünstigt, so etwas trägt man jetzt sicher in Berlin, dachte sie, reichte sie ihm fast bis zu den Ohrläppchen. Oskar, frisch rasiert, roch gut nach englischer Seife edelster Provenienz mit einem Hauch von Sandelholz und geschabtem Horn.

Er wirkte kultiviert. Kein Springinsfeld. Und dann nahm er Gisela unwillkürlich kräftig in die Arme, gab ihr gleichzeitig die Chance, sich zu entwinden, worauf sie jedoch keinerlei Lust verspürte. Zwei Wespen störten die schon lang herbei gesehnte Annäherung, aber nicht entscheidend. Mit einer kleinen Handbewegung wies Oskar ihnen den Weg. Sie hatten verstanden und flogen anderen Zielen entgegen. Nun waren sie wieder allein.

Oskar, das war der Mann, von dem sie uns Kindern erzählt hatte, und so urplötzlich stand er leibhaftig vor ihr. Dieser Mann ist kein Frauenverführer, sagte sie sich. Denn der erste Kuss war eher unsicher, suchend. Wie anfangs bei Goethe und Ulrike. Gisela ahnte, das würde das geringste Problem sein. Am liebsten hätte sie einen zweiten Versuch gewagt, aber zu forsch wollte sie auch nicht erscheinen. Sie war beeindruckt, wie er klar zum Ausdruck brachte, was er wollte, aber wie er ihr immer wieder die Chance gab, sich zu versagen, sich seiner Sphäre zu entziehen.

Beide kehrten von der großen Wiese mit den prallen, fleischigen, gelbgrünorangenen Schlüsselblumen zum Haus zurück. Zur Erfrischung reichte der Hausherr ein Glas besonders gut gekühlten Gavi di Gavi. An den von der Kälte beschlagenen Gläsern glitten wie Perlen kleine Tropfen herab. Man aß gut gelaunt zu Abend eine Kürbiskern-Möhren-Ingwer-Suppe. Mit etwas Koriander. Dann folgte eine schmackhafte Lasagne; der alte Holländer verlieh ihr einen würzigen Geschmack, und unter dem Grill bekam sie eine schön knusprig braune Kruste. Den Abschluss bildete eine Mango-Creme mit Pistazien. Die grünen Kerne klein geraspelt. Es war gemütlich und nachdem alle Kinder ins Bett gebracht worden waren, nicht ohne die obligatorische Gute-Nacht-Geschichte von Oma Sophia, offenbarte Oskar sich seinen alten Freunden. Er blickte zögernd auf seinen Wappenring und den kleinen Tisch, um dann mit zunehmend sicherer, jedoch unaufdringlicher Stimme zu sagen:

„Gisela hat schon zugestimmt; ich werde sie mit ihren Kindern zu mir nach Trier nehmen. Gemeinsam mit Monika, also dann zu fünft, werden wir eine Wohnung beziehen. Wir beide wollen zusammen ein neues Leben beginnen. Gisela steht es frei, den Termin für die Hochzeit zu bestimmen; in unserer tiefkatholischen Stadt ist es sicher von Vorteil, dass wir beide katholisch sind. Und die Mutter von Gisela bitte ich selbstverständlich auch noch um Erlaubnis."

Giselas Scheidung zog sich hin. Mehrfach vermutete Oskar, der die Briefe jetzt fast immer mit „Meine geliebte Gisela" eröffnete, dass mein Vater, Hans von Herz, die Scheidung bewusst verzögere, um eventuell das Sorgerecht für mich zu bekommen. Das Scheidungsurteil erging erst am 28. 6. 1946. Oskar war ungeduldig; er hatte geglaubt, die Entscheidung würde gut zwei Wochen früher fallen. Er schrieb:

„Das wird ein guter Start für die Zukunft sein. Wann soll die Hochzeit sein? Kann im dunklen Anzug geheiratet werden? Frack und Frackwäsche besitze ich nicht und auch die Lackschuhe sind gestohlen worden (Brief vom 16. 5. 1946). Ich bin glücklich, dass Hans von Herz auf das Sorgerecht für Dieter verzichtet hat. Eine Trennung wäre auch um Dieters Willen nicht zu verantworten (Brief vom 14. 6. 1946)."

In dieser Zeit des intensiveren Kennenlernens, das sich allerdings auf Briefkontakte beschränkte, galt Oskars Sorge drei Dingen: dass Gisela beide Buben behalten dürfe, dass es der verehrungswürdigen Großmutter gut gehe und er für die größer werdende Familie mit neuen Mitessern (Brief vom 15. 5. 1946) hinreichend Essen bunkern könne. Auch Oskar hatte um den Erhalt seiner Scheidungspapiere zu kämpfen. Im Schreiben vom 2. 6. 1946 meinte er:

„Das Bemühen um ein Scheidungsurteil blieb vergebens. Mein Anwalt ist noch nicht in Berlin, sein Büro ausgebombt, der Gegenanwalt nach dem 20. Juli vergast und seine Akten ebenfalls vernichtet."

Darüber hinaus ärgert sich Oskar furchtbar in einem Brief vom 19. 5. 1946, dass er seine Scheidungspapiere nicht findet. Das Urteil sei bereits ergangen. Später findet er sie, sodass einer Heirat nichts mehr im Wege steht. Die Hochzeit fand am 6. 8. 1946 statt. Noch am 5. Juni schreibt er:

„Wir wollen gemeinsam Ferien in Nauheim machen. Habe Doppelzimmer abgesagt und zwei Einzelzimmer bestellt, um Herrn von Herz keinen Trumpf zu verschaffen. Schöner wäre es als offizielles Ehepaar."

Die Nachkriegszeit offenbarte die massiven Zerstörungen in allen großen, deutschen Städten. Umso mehr überraschte es, in Oskars Briefkonvolut nach mehr als 70 Jahren zu lesen, wenn er am 2. 6. 1946 schreibt:

„Herzliebste Gisela, wenn Du hier wärst, würde ich mit Dir die Annehmlichkeiten (Sommer 1946! d. V.) der einstigen Reichshauptstadt genießen: Ausgezeichnete Theateraufführungen, ein Bummel durch die Modehäuser, Friseursalons und Luxusmodefirmen, die wieder zu Dutzenden da sind. Wir wollen uns *Den Snob* mit Gustaf Gründgens und Paul Bildt ansehen, ebenso wie *Die Frau ohne Bedeutung* mit Victor de Kowa. Erst gestern habe ich im Deutschen Theater Moliers *Schule der Frauen* gesehen."

1946 – Neubeginn in Trier

Oskar erreichte, wie versprochen, mit Fahrer Backes den Ammersee. Etwas Sonne, gefiltert durch grau gelbliche Wolkenfetzen, brach durch und ließ den See gleißend hell glitzern. Die Gäste aus Trier bestaunten das Naturschauspiel.

Die Fahrt vom Ammersee nach Trier konnte über neun Stunden dauern. Mit mindestens zwei Reifenwechseln musste gerechnet werden. Zerstörte Straßen würden die Weiterfahrt verzögern. Die großen Flüsse überspannten Notbrücken, weggerutschte Berge erzwangen Umwege. Benzin war rar. Holz und Kohle dienten als Benzinersatz. Man verwendete zum Antrieb von Automobilen bisweilen sogenannte Holzvergaser.

Deutschland hatte den Alliierten, den Siegern des Zweiten Weltkriegs, gewaltige Reparationen zu leisten. Kilometerlange Züge ratterten Tag und Nacht an der Mosel entlang nach Frankreich. Sie kamen aus dem Ruhrgebiet, beladen mit dem schwarzen Gold, der fetten Steinkohle. Sie wurden vorne und hinten je von einer Lok gezogen und gestoßen. Mit Wut und Ohnmacht sah die Bevölkerung dabei schweigend zu. Sie sah die Lieferungen nicht als Wiedergutmachung für die immensen Schäden an, die die Nazis angerichtet hatten, sondern verstanden sie als Raub nationalen Eigentums. Als Siegerjustiz. Aber niemand hätte ein Wort der Kritik gewagt: Deutschland war eine Nation ohne jedes Maß an Identität und Kraft. Deutschland gab es nicht mehr.

Die Autofahrt verlief dank der bewährten Chauffeurkünste von Backes ohne Probleme, wenn auch die Organisation von Treibstoff nicht einfach gewesen war. Doch die Reise selbst musste mehrfach unterbrochen werden. Den Übertritt von der amerikanischen in die französische Zone kontrollierten düster dreinblickende Militärs. Umfangreiche Papiere wurden hin und her gereicht. Oskar wagte nicht, einen Zehnmarkschein in die

Papiere zu legen. Es schien ihm zu gefährlich. Die Bewegungsfreiheit der Bürger wurde durch die Vier-Zonen-Verwaltung erheblich eingeschränkt. Das russisch besetzte Gebiet grenzte sich immer stärker von den drei anderen Zonen ab. So schrieb Oskar in einem Brief vom 19. 5. 1946 an Gisela:

„Die Fahrt durch angloamerikanisches Gebiet ist nicht mit den großen Strapazen und Widerwärtigkeiten verbunden wie sie bei Grenzübertritten (in Russisch besetztes Gebiet) mit all den vielen Aufregungen, Übernachtungen in Sammellagern oder neuerdings müssen sogar Quarantäne-Zwangsaufenthalte von vierzehn Tagen in Kauf genommen werden."

Oskar hatte zur Risikostreuung seine Textilläger auf unterschiedliche Besatzungszonen verteilt. Den Übertritt von Thüringen in die Westzonen habe er nur nachts gewagt und das auch nur über die grüne Grenze mit einem Führer. Er glaubte zu diesem Zeitpunkt noch, die Westalliierten würden nicht das von ihnen eroberte Thüringen räumen. Spätestens als er merkte, dass diese Provinz den Russen überlassen wurde, war sein Warenlager verloren. Die anderen Lager, die in Westzonen lagen, konnten glücklich gerettet werden.

Bereits 1944 hatten die vier Siegermächte in geheimen Verhandlungen Thüringen der Sowjetunion zugeschlagen. Was Oskar nicht wissen konnte. In der Dynamik des Kriegsverlaufs besetzten die Amerikaner in schnellen Vorstößen Thüringen. Gezwungenermaßen gaben sie es dann später an die Russen zurück. Es waren wirre Zeiten, in denen mit allem zu rechnen war:

„Welche Überraschung, meine liebste Gisela, dass Du verhaftet worden bist. Gott sei Dank bist Du Unschuldslamm wenigstens nach vier Tagen freigekommen. Es kann sich nur um eine Denunziation gehandelt haben." (Brief vom 28. 5. 1946).

In dieser Zeit der Gesetzlosigkeit bat Oskar, Gisela möge ihren Schwager Manfred Curry um einen *Schutzbrief* für sein Warenlager (das sich in der US-Zone befand) bitten, was auch gelang. Manfred war US-Bürger und genoss als solcher Privilegien. (Brief vom 5. 6. 1946).

In ihrem neuen Zuhause angekommen, tat sich Gisela schwer damit, in den ersten Nächten einen erholsamen Schlaf zu finden. Wie würden ihre zwei Buben mit Oskar harmonieren? Ihr Instinkt sagte ihr, es würde schwerer werden, die Zuneigung von Oskars Tochter zu gewinnen. Und Gisela dachte:

„Unter Umständen schenkt uns das Glück trotz der Schmach, in *wilder* Ehe zu leben, ein gemeinsames Kind. Das wäre die ideale Krönung."

Die Wohnung in Trier lag im ersten Stock und bot viel Platz für die neu zusammengewürfelte Familie – einschließlich einer Kinderfrau, die vorsorglich eingestellt wurde. Sie hieß Anneliese.

Die Einrichtung entsprach dem Geschmack der Zeit des Nierentischs und der Stehleuchten, die Schirme trugen, die Trompeten ähnelten. Im Wohnzimmer zog eine übergroße Couch als Hüpfburg das Interesse der Kinder auf sich. Nicht immer wollte Hund Lumpi ausweichen, der den Teppich als sein Herrschaftsgebiet ansah. Oskar war anfangs von den Turnübungen wenig begeistert. Er hielt sich gleichwohl mit Tadel zurück, „denn es sind ja Kinder", wie er fast entschuldigend zu Gisela sagte. Sie legte dankbar ihre Hand auf seine Schulter, eine liebevolle Geste, an die er sich gerne gewöhnte. Ihr Haar streifte leicht seine rechte Wange, was ihm ebenfalls behagte. Ihr Duft, ihre Ausstrahlung – es fiel ihm nicht leicht, vor den Kindern den vernünftigen, zurückhaltenden Erwachsenen zu spielen. Sie hielt sich im Beisein der Kinder zurück; sie wäre Oskar am liebsten um den Hals gefallen.

„Ich glaube, Oskar, so glücklich war ich noch nie in meinem ganzen Leben", entfuhr es ihr eines Tages. Er nahm sie strahlend in die Arme. Mehr und mehr verstand er es, das Leben zu genießen und seine preußische Erziehung hinter sich zu lassen.

Die Wohnung lag mitten in der Stadt. Zum Hauptmarkt ging man keine acht Minuten; die Straßenbahn schepperte alle Viertelstunde in Richtung Innenstadt oder in die andere nach St. Matthias. Diese Kirche verdankt ihren Namen einem der zwölf Apostel. Der heilige Matthias liegt dort begraben. Von einer Stadt wie Trier, seit vielen Jahrhunderten Erzbischofsitz, konnte das erwartet werden – ein Apostel sollte es schon sein. Es war eine dunkle, kühle Kirche romanischen Ursprungs aus dem 10. Jahrhundert. Sie wirkte wie eine Trutzburg. Das machte sie unverwechselbar in ihrer bulligen, gedrungenen Architektur.

Meine Volksschule, St. Barbara, lag nicht weit entfernt von der elterlichen Wohnung. Sie war unbeschädigt geblieben. Der Krieg hatte jedoch unter dem Lehrpersonal gewütet. Mit vierzig Prozent geringerem Personalbestand musste im Sommer 1945 der Unterricht bewältigt werden. Die Klassen wurden entsprechend vergrößert. Manchmal pferchte man fünfzig bis sechzig Volksschüler in einen Raum zusammen. Irgendwie ging das. Eine Wahl gab es nicht.

Eigentlich ging ich gerne zur Schule. Doch bald fiel ein kräftiger Wermutstropfen in die neu gefundene Ordnung. Er hieß Norbert. Er war klein, untersetzt, kräftig und hatte böslistige Augen. Er machte sich einen Spaß daraus, Vogelnester zu plündern. Noch mehr Spaß allerdings, ja eine fast ausgeprägt diebische Freude bereitete es ihm, mich, seinen Mitschüler, so oft wie möglich ohnmächtig zu prügeln.

Das gelang vergleichsweise einfach; denn ein fester Stoß oder Schlag auf meine Nase genügte, mich besinnungslos umfallen zu lassen. So getroffen, fand ich mich auf dem Konferenztisch im Lehrerzimmer wieder. Ich blutete aus der Nase. Wieder aufgewacht, wollte ich eiligst zurück in den Unterricht. Mühsam hielt man mich davon ab. Erst nach Jahren, als ich überlegte, warum Norbert gerade mich, einen schmächtigen und zurückgebliebenen Jungen, der keine Konkurrenz für ihn darstellte, geschlagen hatte, wurde mir klar: Meine Eltern hatten mich zu schick angezogen. Sie hatten mich unbewusst aus der Solidarität des Mangels herausgehoben. Ich erinnerte mich genau an den steingrauen Pullover. Weit ausgeschnitten fühlte er sich weich und flauschig an; rot waren die Strickabschlüssen an Hals und Handgelenken. Ein schönes Stück, das ich zugegebenermaßen gerne mochte. Der Pullover passte aber nicht in diese Zeit so kurz nach der Katastrophe.

1947 – Zeit des Hamsterns

Der Beginn in Trier verlief trotz der schönen Wohnung nicht nur in glücklichen Bahnen. Das Leben stellte täglich harte Anforderungen, besonders was die Lebensmittelversorgung anbelangte. Stärker hätte der Kontrast zu unserem Leben ohne Mangel am Ammersee nicht sein können.

Es waren Monate des Hamsterns, gleich, ob bei extremer Hitze oder bei sibirischer Kälte. Oskar schrieb aus dem thüringischen Ilmenau an Gisela, wo er vor der Enteignung ein Geschäft zur Versorgung der Ostflüchtlinge führte:

„Ich bin aufs Land gefahren, um für die nun größere Familie vorzusorgen. Ich schicke Dir Twist zum Hamstern, der ist sonst bezugsscheinpflichtig (19. 5. 1946). Lasse seit drei Tagen tüchtig einkochen, brachte aus Erfurt 50 Pfund Kirschen, habe mich für weiteres Obst vormerken lassen, Kompensation mit Wein." (Brief vom 14. 7. 1946).

Ganz Deutschland, vornehmlich jedoch die Städter, ging hamstern; das heißt, beim Bauern zu bitten, zu betteln, um etwas Nichtessbares gegen etwas Essbares eintauschen zu dürfen. Niemand war sich dazu zu schade.

„Ich versuche, heute etwas zum Essen aufzutreiben", sagte Oskar eines Morgens in Trier zu Gisela. „Pack mir bitte den Rucksack voll mit Textilien."

„Das ist eine gute Idee. Wir brauchen dringend Brot, Milch, Eier und Speck. Aber bitte übernimm dich nicht", sagte sie. Mit seinem prall gefüllten Rucksack bewaffnet, darin Strümpfe, Unterwäsche und Pullover, trat er über die Türschwelle. Es war ein früher Maimorgen. Meine Mutter strich ihm die letzten Spuren, die das Sandmännchen hinterlassen hatte, aus dem Gesicht, küsste ihn flüchtig und beförderte ihn mit einem liebevollen Klaps hinaus.

Oskar kehrte erst am Abend, kurz vor Eintritt der Dunkelheit, völlig erschöpft zurück. Er sah nicht gut aus. Die Familienmitglieder, Gisela ausgenommen, verstanden die Situation nicht sofort. Alle schauten angespannt und in Vorfreude auf seinen Rucksack. Sie hatten nur den verdammten Rucksack im Blick. Vorsichtig öffnete man ihn. Alle zu Beginn der Wanderschaft mitgenommenen Sachen tauchten wieder auf. Zum Vorschein kam ein einziges Ei. Ein winziges Ei. Fein säuberlich verpackt lag es in zwei langen, grünen Wollstrümpfen, die Oskar eigentlich hatte eintauschen wollen.

Betretene Stille breitete sich aus. Unsere Mutter erkannte, Oskar war am Ende seiner Kraft. Ihr Mann war nicht dafür geschaffen, mit dem Rucksack ein Dutzend Kilometer zu marschieren, um Lebensmittel zu hamstern. Und mit jeder weiteren Stunde, die trotz seiner Bemühungen, etwas einzutauschen, erfolglos verstrich, hatte er die Anstrengungen intensiviert. Seine Familie hungerte und er war auf die *Jagd* gegangen – erfolglos. Er war so erschöpft, dass Gisela ihn aufs Bett legte.

Sie nahm das Ei, trennte das Eigelb vom Eiweiß und verrührte das Eigelb mit *Schabau*, einem Cognac-Ersatz, zu einem Stärkungsdrink. Dazu noch etwas Zucker. Ihre schmale Hand strich Oskar sanft übers Haar. Keiner sagte einen Ton. Die Atmung wurde heruntergefahren. Selbst ein verschämtes Kratzen an der Nase, weil es dort unerbittlich kitzelte, verbot sich. Wir Kinder spürten, ohne alles zu begreifen, die Bedeutung dieser Situation. Nie wäre jemand auf den Gedanken gekommen, zu fragen, warum der Vater nur ein Ei nach Hause gebracht und es dann auch noch selbst getrunken hatte.

Also, in Trier angekommen, dachten Gisela und Oskar, das gemeinsame, katholische Glaubensbekenntnis müsste ein Pluspunkt sein. Aber den Makel einer Scheidung brachten beide mit. Der wog wesentlich schwerer. Die Waage senkte sich bedrohlich zu ihren Ungunsten. Das war ihnen zu diesem frühen Zeitpunkt noch nicht in aller Deutlichkeit klar. Die katholische Kirche betrachtete die Verbindung Geschiedener als *wilde* Ehe, was den Ausschluss von den Sakramenten und letztlich aus der Kirchengemeinde zur Folge hatte. Oskar litt in den kommenden Jahren stärker als Gisela unter dieser Zurücksetzung.

Um sich seinen Gott zu sichern, um mit ihm ins Reine zu kommen, besuchte er eifrig an hohen Feiertagen wie Ostern, Pfingsten und Weihnachten den Gottesdienst. Und zwar in der für die Familie zuständigen Pfarrkirche, Liebfrauen. Feinste Frühgotik, 1250 vollendet, französischen Vorbildern folgend. Sie steht ebenso wie der benachbarte Dom auf weströmischen Quadern, auf uralten Fundamenten. Lothringische Baumeister und Künstler waren maßgeblich an diesem Bau beteiligt. Durch sie kam die Gotik nach Deutschland. Knapp 100 Jahre vor Liebfrauen stieg diese Kirche zur architektonischen und auch spirituellen Mitte Frankreichs auf: Notre-Dame; Victor Hugo sah in dieser Kathedrale eine Aufstapelung der Jahrhunderte. Sagte unser Kunstlehrer. Mit der Trierer Liebfrauenkirche hatte 1230 das Stapeln auf der linken Rheinseite begonnen.

Der Priester Mechelen von Liebfrauen wusste Bescheid um die Gewissensnot des Paares. Oskar stiftete 1950 zur Besänftigung seines Seelenfriedens ein erstes, opulentes Kirchenfenster im Wert von 10 000 Mark. Viel Geld für die damalige Zeit. 1960 folgte ein weiteres für den Chor.

Die farbenprächtigen Fenster kontrastierten stark mit dem schlichten frühgotischen Kirchenraum. Sie vergossen blaue, gelbe und rote Lichtkegel auf den Sandsteinboden, um dort weiterzuwandern, bis sie sich am Tabernakel festhielten. Über den Tag hinweg verflüchtigten sie sich mit dem etwas schwächer werdenden Licht nach und nach, um schließlich gänzlich zu verschwinden.

Der reich beschenkte Mechelen jedoch sollte später seinen wahren Charakter zeigen – und sich als bösartiger „Diener Gottes" erweisen. Ich hatte ihn und seinen Namen stets unsympathisch gefunden. In der Ohrenbeichte hinterfragte er interessiert und fast ein wenig zu neugierig nach den *Verfehlungen*, die wir in der Pubertät glaubten begangen zu haben. Das fand ich widerlich.

1950 – Die Westallee

Bessere Zeiten kündigten sich an mit der Westallee. Unsere Familie zog in ein neues Heim, eine dreistöckige Villa mit 16 Zimmern und einem prächtigen Garten. Oskar hatte die Gelegenheit zum Kauf genutzt. Vergleichsweise günstig soll der Preis gewesen sein, hatte ich im Vertrauen von meiner Mutter erfahren.

Die Hierarchie in der Familie entwickelte sich denkbar einfach: Mutter Gisela stand dem Haushalt, der einiges an Personal umfasste, offiziell vor, unterstützt von Irma, einer guten Seele von 45 Jahren, die heftig schielte. Ich musste immer fest auf eines der beiden Augen schauen, wenn ich sie in der Küche neugierig besuchte und mit ihr sprach. Sonst wäre ich verwirrt gewesen, welches Auge mich nun gerade anguckt. Das hinderte mich nicht, für sie hohes Maß an Sympathie zu entwickeln. Ihr Kuchen, ein Frankfurter Kranz, vielschichtig Buttercreme unter einem Dach aus dunkelbraunem Krokant gestapelt, schmeckte unvergleichlich gut. Anna, ein hübsches, junges Zweitmädchen, kam hinzu. Ihre Oberweite hatte ein Format, das uns Jungs nervös machte. Das Personal war notwendig, denn Gisela entwickelte sich zu einer unentbehrlichen Helferin, Gefährtin für Oskar, auch geschäftlich.

Der erfolgreiche Kaufmann reiste zu den Einkaufsmessen. Er sonnte sich in dem Glanz, den seine gescheite, attraktive Frau verbreitete. Für unsere Mutter eröffnete sich eine neue, bisher unbekannte Welt. In Berlin oder in Leipzig, Hotel Kempinski, abends in die Oper (Furtwängler dirigierte) oder zum Abendessen mit den Modeschöpfern Steebe-Seger, Oestergaard und mit Kemper Classic.

Die Familie traf sich häufig zu Anlässen wie Kommunion, St. Martin oder zu Nikolaus. Die neu erworbene Westallee zog Oskars drei Schwestern, die Schwäger, Neffen und Nichten magisch an. Erna, Melitta und Carola (Rolly) hießen Oskars ältere Schwestern, die laut mütterlichem Befehl nur Akademiker heiraten durften. Was sie auch taten.

Wenn ich in den Schulferien in Köln Besuch machte, entfloh Tante Rolly (unsere Lieblingstante) des Öfteren zum Bridge, Kaffeeklatsch oder Einkaufen. Ich erklärte ihr, dass ich gerne in der Zeit Köln auf eigene Faust erobern wollte.

Kölns Zerstörungsgrad lag mit achtzig Prozent an der Spitze aller deutschen Großstädte. Zusammen mit Hannover. Und dennoch machte es mich glücklich, dieses Bummeln durch diese große Stadt, frei von jeglicher elterlichen Kontrolle und Aufsicht. Dreimal in der Woche fuhr ich mehr als eine gute Stunde lang mit einer alten, klapprigen Straßenbahn quer durch das schwer geschundene Köln nach Höhenhaus.

Nach langen Umwegen über Behelfsbrücken und dem Ausweichen zahlreicher Trümmer erreichte ich schließlich das Kino. An manchen Stellen hatte der Wiederaufbau schon vorsichtig begonnen. In diesem Vorort spielte die elegante, schöne Sonja Ziemann: *Das Schwarzwaldmädel*. Vielleicht bewunderte ich sie auch deshalb, weil sie meiner Mutter ähnelte. Die Tante wollte es kaum glauben, dass man für einen Kinofilm eine siebzigminütige Tramfahrt in Kauf nehmen wollte. Sie schüttelte den Kopf. Und wie konnte man sich nur einen Film dreimal anschauen?

Lächelnd hörte sie meinen Erzählungen zu, wie ich mein Taschengeld seitlich auf der Aachener Straße bei Wolters für Bienenstich und Kakao verprasste. Dazu las ich Heftchen mit Geschichten von Nick Knatterton und Prinz Eisenherz. Ich empfand eine tiefe Zufriedenheit in solchen Momenten. Und ich nutzte diese Gelegenheit, fremde Menschen zu beobachten. Auf ein junges Mädchen einen verstohlenen Blick werfen zu dürfen. Hilfreich war es dann, den *Kölner Stadt-Anzeiger*, in den ich ein kleines Guckloch gemacht hatte, als Schutzschild vor mich halten zu können. *Quax, der Bruchpilot*, ein Film mit Heinz Rühmann, hatte mir ebenfalls gut gefallen. Aber gegen die Ziemann hatte er nicht die geringste Chance.

Gisela wollte schnell eine gute Beziehung zu den neuen Familienmitgliedern entwickeln. Bei Oskars Schwestern Erna und Melitta gelang das nicht. Denn sie sahen in ihr einen gefährlichen Eindringling in die Familie, den es galt, auf Distanz zu halten.

„Wird Oskar sich auch in Zukunft in den Dienst der Familie, in unseren Dienst stellen? Wird er auch weiterhin monatlich die Gewinne der Firma mit uns teilen und die Gelder überweisen? Besteht nicht die Gefahr, dass er uns nach dem Tod von Mutter herausdrängt?", fragte Melitta übellaunig ihre Schwester.

„Natürlich!", antwortete diese.

„Er wird versuchen, der alleinige Gesellschafter zu werden. Mit Sicherheit!", fauchte sie zurück.

Die Bitburger Bier-Tochter, Oskars erste Frau, hatte den beiden Schwestern gut gefallen. Ihr Name verfügte über ein gewisses Renommee und auch die Verwandtschaft bekam davon etwas ab. Man glaubte, bedeutender geworden zu sein. Dass sie sich nicht um ihre eigene Tochter Monika kümmerte, das missfiel allein Rolly. Die beiden anderen Schwestern sahen, ähnlich wie Mutter Minna, in der Trennung eine Schwächung ihrer gesellschaftlichen Stellung.

Besonders missfiel ihnen, dass die neue Frau sich auch intensiv um das Geschäft kümmerte. Als geschäftsführende Gesellschafterin wuchs Giselas Einfluss beständig. Das sei, so tuschelten sie, nicht die Aufgabe einer Ehefrau und Mutter, gerade mit drei Kindern aus drei Ehen.

1947 – Ein Mädchen

Und es kam sogar noch eine Tochter hinzu. 1947 erblickte Tochter Marion das Licht der Welt und entwickelte sich prächtig. Giselas Wunsch hatte sich erfüllt. Der Vorhang für ein neues Bühnenbild des Familienstücks *Vier Kinder aus drei Ehen* öffnete sich.

Kinderschwester Anneliese stieß im Frühjahr 1947 anlässlich der Geburt von Marion zur Familie. Völlig unproblematisch hatte sich das Verhältnis zwischen Sophia und Anneliese entwickelt. Eine zusätzliche Vertiefung erfuhr ihre Beziehung durch die Religion. Die Frauen besuchten hin und wieder gemeinsam die Frühmesse. Dass Anneliese – trotz aller Religion – Jahrelang ein Verhältnis mit einem verheirateten Mann gepflegt hatte, irritierte Oma Sophia nicht, ihr Credo lautete:

„Wer die Form beherrscht, darf sie vernachlässigen."

Mit König Konstantin begann in Trier an der Mosel die Christianisierung im frühen 4. Jahrhundert nach Christus, in der Augusta Treverorum. Aus jedem Winkel dieser Stadt, die der Sage nach bereits tausend Jahre vor Rom stand, blickten Gottvater, der Heilige Geist oder Jesus Christus, manchmal auch Johannes der Täufer, Petrus oder die Jungfrau Maria auf die Gläubigen herab. Baustile des Barocks, der Renaissance, Gotik und Romanik vermischten sich im Stadtbild mit altrömischen Bauwerken. Ein unvergleichlicher historischer, architektonischer und archäologischer Reichtum.

Das kurfürstliche Palais, der romanische Dom, die Liebfrauenkirche (Frühgotik) sowie die barocke Kirche St. Paulin wetteiferten mit römischen Kostbarkeiten: Amphitheater, Kaiserthermen, Basilika und die Porta Nigra. An hohen Festtagen wie Christi Himmelfahrt, 1. Heiliger Kommunion oder Fronleichnam verwandelte sich die Stadt in eine große Weihestätte: Dutzende Altäre prunkten vor alten, grauen Kirchenmauern, Blumenra-

batten in roten, gelben und blauen Farben umgarnten die fili-
granen Seitenschiffe, Stoffhimmel, gefertigt aus erlesener Sei-
de und Brokat, standen bunt geschmückt mit Marienstatuen,
Erlöserfiguren und Engeln auf den Straßen. Und Reliquien im
Überfluss. Alles in Gold, Purpur, Rot und leuchtendem Gelb.

Harziger, graubläulicher Weihrauch zog wabernd um die
Ecken der Paläste und Kathedralen. Dieser intensive Rauch
konnte süchtig machen. Dazu schlug unentwegt von irgendeinem der dutzend Kirchtürme eine Glocke oder ganze Glocken-
büschel. Ein frommer, fröhlicher Rausch durchwehte diese Stadt.

Wenn unsere Mutter für ein paar Tage mit Oskar geschäftlich verreiste, trat die Großmutter an ihre Stelle. Das Söffchen
fungierte dann als Chefin der Westallee, wie selbstverständlich.
Und Irmchen, die schielende Köchin, drückte von Zeit zu Zeit
gerne eines von uns Kindern an ihren eindrucksvollen Busen,
dem sie beim Brotschneiden immer mit dem Messer gefährlich
nahekam. Alles in allem verlebten wir Geschwister das, was man
gemeinhin eine glückliche Kindheit nennt.

Gegen jede Erlaubnis lauschte ich, unter der Bettdecke versteckt, den Übertragungen aus dem Bundestag in Bonn. Ich
verfügte bereits über ein kleines Transistorradio mit einem
Kopfhörer und verfolgte so die hitzigen Debatten zwischen Op-
positionsführer Schumacher (SPD) und Bundeskanzler Konrad
Adenauer (CDU). Es wurde mehr als spannend. Die Diskussion eskalierte in wüsten Beschimpfungen wie *Vaterlandsverrä-
ter* oder *Lakai des Westens*. Könnte eine frühe Westbindung der
Bundesrepublik die Wiedervereinigung verhindern?

Diese Gefahr war vorhanden. Der Kanzler würde also die
Chance einer Wiedervereinigung aufs Spiel setzen, wenn er
den Teilstaat BRD in die westliche Allianz eingliederte. Die Sowjetunion könnte in dieser Ausgangslage niemals einer deutschen Einheit zustimmen. So lautete die absolut nachvollzieh-
bare Logik der Kritiker.

Adenauer war sich dieses Szenarios wohl bewusst. Jedoch
bewertete er das Risiko höher, schutzlos ohne Bündnis dem
vorwärtsdrängenden Kommunismus ausgeliefert zu sein. Des-

halb wollte er auf den Schutzschirm durch die überlegene amerikanische Streitmacht nicht verzichten. Gegen jede Form der Verharmlosung des sowjetischen Expansionsdranges wehrte er sich mit Nachdruck.

Der Verweis auf die Zerschlagung des Arbeiteraufstands 1953 in der Sowjetzone genügte. Adenauer sollte recht behalten. Auch in den alten, zu Europa gehörenden Staaten wie der ehemaligen Tschechoslowakei, Polen und Ungarn unterdrückten Sowjetsoldaten gewaltsam die Freiheit.

1951 – Heimliche Subvention

Oskar machte in der Nachkriegszeit gute Geschäfte. Textilien aller Art waren gefragt. Die Wirtschaft florierte und die Menschen holten nach, was sie in den Jahren des Mangels entbehrt hatten. Die Belegschaft im Stammhaus Hochstetter stieg auf 120 Menschen. Filialen im nahen Saarburg, Prüm und Wittlich entstanden. 1953 zählte der Familienkonzern 160 Beschäftigte.

Zu seiner Schwiegermutter, dem Söffchen, pflegte Oskar eine ausgeprägt herzliche Beziehung. Immer wenn Oma Sophia zum Essen in das große Speisezimmer trat, stand unser Vater auf, ging ihr entgegen und sagte völlig ungekünstelt:

„Fürstin Mutter, wie schön, dass du kommst."

Und das meinte er in vollem Ernst, so wie er es gesagt hatte. Sie strahlte eine seltene Vornehmheit aus. Er führte sie zu ihrem Sitz und schob ihr den Stuhl leicht unter. Den Stock, den sie nach meiner Einschätzung nicht gebraucht hätte, stellte er ohne viel Geräusch seitlich an die Anrichte. Fast verlegen machte er Sophia durch seine Verehrung. Auf jeden Fall machte er sie glücklich.

Die Großmutter verfügte über wenig Bares. Sie erhielt lediglich eine kleine Rente von etwas über hundert Mark im Monat. Das reichte für ein wenig Kleidung und Kölnisch Wasser. Sie bedauerte, dass sie ihren Enkelkindern keine großzügigen Geschenke machen könnte. Was diese – meine, deine, unsere – jedoch nie vermisst hatten. Wir hätten unser Söffchen mit keiner anderen Oma tauschen wollen.

Die beiden, Oskar und Sophia, saßen eines Tages im Esszimmer und plauderten bei einem Glas 1945er Bernkastler Doktor. Es handelte sich um eine Auslese, aber das war nicht der Grund, warum Oskar eher beiläufig fragte:

„Sag mal Söffchen, was machst du eigentlich mit all deinem Geld? Liegt es auf einem Sparbuch?"

Sophia bejahte seine Frage und sagte, sie bekäme wohl zwei Prozent Zinsen. Sie könne geschwind die Unterlagen holen, um genauer Auskunft zu geben. Oskar hemmte ihren artigen Eifer, beschwichtigte und meinte, so genau wolle er es gar nicht wissen. Dann holte der listige, aber gütige Fuchs ohne große Geste aus und bot seiner Schwiegermutter in leisem, flüsterndem Ton an:

„Du Sophia, kannst dich als Kommanditistin an einer neuen Gesellschaft beteiligen. Ich gründe gerade gemeinsam mit Gisela einen Textilgroßhandel zur Belieferung der vielen kleinen Einzelhandelsgeschäfte auf den Dörfern der Region."

Sophia schaute Oskar mit ihren großen graublauen Augen offen an:

„Ja, wenn du meinst, dann gebe ich dir meine 2 500 Mark. Bekomme ich dann mehr als zwei Prozent?"

Vorsichtig hob sie fragend den Kopf. Oskar lächelte und meinte, acht Prozent Rendite seien wohl das Minimum. Und mit einem Mal begann für Oma Sophia die wundersame Geldvermehrung, die sie staunend kommentierte:

„Ach, das ist also die Marktwirtschaft."

Denn Oskar überreichte ihr nun jedes Quartal ein Kuvert mit dem Ertragsanteil. Und das waren nie weniger als zweihundert Mark, also zwischen achthundert und tausend Mark im Jahr als Gewinnausschüttung. Eine solche Rendite konnte sogar in dieser Zeit des wirtschaftlichen Booms nicht erwirtschaftet werden. Der Schwiegersohn subventionierte sie, ohne dass sie es merkte. Alle außer Sophia wussten davon, doch keiner hätte je ein Wort darüber verloren. Ihre Würde sollte in keiner Weise berührt werden.

Die Familie wechselte 1950 also in das große Haus in der Westallee. Man konnte sich dem Reichtum, dem Zauber, den diese Villa ausstrahlte, nicht entziehen. Ich sagte meinem Vater ganz offen, wie sehr ich ihn bewundere und wie dankbar ich sei, in einer solch luxuriösen Umgebung aufwachsen zu dürfen. Ein leichter Klaps auf den Hinterkopf war die Antwort, mit dem Oskar seine eigene Verlegenheit überspielte.

Eine Pracht an Möbeln, Teppichen und Bildern! Wo hatte er sie die vielen Jahre verborgen? Waren sie im Krieg versteckt gelagert und dadurch fremdem Zugriff entzogen worden? Die Eingangshalle beherbergte einen wuchtigen, voll intarsierten, holländischen Schrank aus dem 18. Jahrhundert; neben ihm hing ein Frauenporträt von Antoine Pesne; ein Porträt, das Oma Sophia ähnelte. Dieser Maler hatte fast alle Mitglieder des preußischen Könighauses in Öl festgehalten.

Die Wände des geräumigen Esszimmers, das Platz für zwanzig Personen bot, schmückten Niederländer des 15. bis 17. Jahrhunderts. Die kleinen Messingschildchen, die unten an den Rahmen angebracht waren, informierten über die mir unbekannten Namen wie Heemskerk, Ruisdael und Teniers. Es gab für jedes Bild eine Expertise, verfasst von ehrwürdigen Kunstprofessoren, die die Echtheit der Objekte bestätigten. Sie erwiesen sich nach Oskars Tod fast alle als wertlos oder als halbrichtig. Es handelte sich dann doch nur um eine Teniers-Schule (aus seiner Werkstatt) oder um ein Bild aus dem Teniers-Kreis (von nahestehenden Künstlern). Unter dem massiven Esstisch träumte ein persischer Orientteppich, ein Sarough, vor sich hin. In wiederkehrendem Rhythmus schmiegten sich die stilisierten Palmblätter aneinander.

Oskar konnte es über viele Jahre nicht verwinden, dass seine Stadt Trier, immerhin eine Großstadt, keine bedeutende Rolle in der Fußballliga Südwest spielte. Die Bundesliga existierte damals noch nicht. Andere, zum Teil kleinere Städte wie Pirmasens, Worms oder Kaiserslautern dominierten die Liga. Auch deshalb ereiferte Oskar sich über die Unfähigkeit der Stadt und der Führung des Fußballclubs. Er machte kurzen Prozess und ließ sich für viele Jahre zum Präsidenten von Eintracht Trier 05 wählen, ein unbezahltes Ehrenamt.

In Koblenz überredete er den Torwart Buttscheid nach Trier zu wechseln. Jungtalente aus Hermeskeil und Boppard kamen hinzu. Jeder erhielt eine berufliche Perspektive in seiner Firma. Der eine arbeitete im Kundenversand, die drei anderen begannen mit einer Berufsausbildung zum Einzelhandels- oder Bürokaufmann. Nach einiger Zeit erstarkte die Eintracht und es gelang die faustdicke Überraschung: 1954 verlor der Deutsche Meister 1. FC Kaiserslautern in Trier mit 1 : 2. Die beiden Walters, Eckel, Kohlmeyer und Liebrich, kurz, alle fünf Weltmeister von Bern, hatten mitgespielt.

Mutter Gisela verlangte nicht so sehr nach frischer Luft, sie saß lieber im Frühstückszimmer. Sie bevorzugte diesen Ort der Stille, der Zurückgezogenheit. Dort mit ihr eine Tasse Kaffee zu trinken und sich möglichst alleine mit ihr unterhalten zu können, das war stets mein Ziel. Sie zog an einer kräftigen Zigarette, aber mit Filter. Stark musste auch der Kaffee sein. Sie strahlte Modernität und Offenheit aus. Eines Tages glaubte ich, ihr daher eine heikle Frage stellen zu dürfen, als wir allein im Raum waren:

„Wie ist eine Ehe mit einem Mann, der achtzehn Jahre älter ist?"

Sie lächelte und meinte plaudernd:

„Mein erster Mann, dein Vater, war ein ganz wilder; war attraktiv, aber unberechenbar. Er hatte nur andere Frauen im Kopf. Oskar dagegen ist zuverlässig, gibt Schutz und – was du ansprichst – er ist liebevoll und fleißig."

Gegenüber einem achtzehnjährigen Sohn, dachte sie, erübrige sich ein Versteckspiel. Außerdem war es ein Kompliment an ihren Mann. Dennoch wirkte sie bei diesem ungewöhnlichen Geständnis, mit dem sie mich beglückte, ein bisschen verlegen.

Rechts vom Esszimmer gelegen traf man auf das Herrenzimmer mit Kamin und einem übergroßen Tizian, der einen mächtigen Kardinal mit kleiner rotvioletter Kardinalsmütze aus dem Rahmen blicken ließ. Er wirkte streng, fast ein wenig bedrohlich. Aus der Ecke guckte eine Lucretia Borgia, gemalt von einem der Cranachs, auf den Betrachter herab. Die martialische Szene schockierte. Sie zeigte, wie Lucretia im Begriff war, sich einen sehr spitzen, fein ziselierten Dolch in die Brust zu stoßen.

„Wie kann man nur zulassen, dass eine so schöne Frau sich das antut?", rief ich irritiert aus und erntete reihum schmunzelnde Gesichter.

Ab 1954 widmete sich Oskar in diesem Zimmer auch der deutschfranzösischen Freundschaft. Trier gehörte zur französischen Besatzungszone. In der Stadt lebten zu dieser Zeit 20 000 französische Soldaten.

Von Zeit zu Zeit lud der Vater zwanzig Soldaten und Offiziere der französischen Armee in die Westallee ein. Er nutzte diese Anlässe, um die Nähe zu dem westlichen Nachbarn, zu der nun bevorzugten, befreundeten Nation zu betonen. Das zunehmend gute Nebeneinander von Franzosen und Deutschen sollte mich prägen. Bei den Herrenabenden machte ich im Alter von vierzehn Jahren den *Mundschenk*, um die Gäste mit Riesling und Schnittchen zu versorgen.

Weiter rechts ging es in ein kleines, sehr edel gestaltetes Damenzimmer. Auch diesen Raum schmückten interessante Bilder. Es waren Werke verschiedener Breughels. Ich sah mir diese vergleichsweise kleinen Darstellungen in Öl sehr genau an. Überaus realistisch und oft drastisch wirkten die Bildszenen, die in den Niederlanden spielten. Es fiel nicht schwer, sich vorzustellen, in diese Bilder, in dieses Leben einzutauchen, um mit dem arbeitenden, tanzenden, liebenden und schmausenden Völkchen zu feiern.

Die obere Diele der Westallee wurde von einem Tintoretto aus dem 16. Jahrhundert beherrscht, drei mal vier Meter – das Gemälde war gewaltig. Ein bärtiger Gott, wohl gerade aus dem

Olymp kommend, stürzte mit scharfem Schwert auf eine wenig bekleidete, sehr schöne junge Dame zu. Eine Nymphe gar?

Die neue Villa passte zu dem erfolgreichen Großbürgertum. Oskar nannte sich nun Großkaufmann, was jedoch nicht sein Handicap aufwog, kein Akademiker zu sein. Umso mehr steigerte er sich in den Anspruch hinein, ein *großer* Kaufmann zu sein.

In der Großfamilie gab es eine Tante, die durch ihre herbe Schönheit auffiel. Sie warf den Männern immer einmal eine Art Bonbon zu, die versteckte Gabe eines versonnenen Blicks. Ich gehörte nicht zu den derart Begünstigten.

In dieser Zeit wagte ich mich eines Tages in das für französische Soldaten reservierte Kino Luxor. Dort spielte man einen Film, der erst ab achtzehn *frei* war. Das Gerücht, es handele sich um ein sehr freizügiges Stück, irrte tagelang durch die Flure unseres Gymnasiums. Es war ein extrem heißer Mittwoch, als ich mich, eng an die schattenwerfenden Häuser gepresst, dem Kino näherte. Ich blickte zur Sicherheit mehr nach hinten als nach vorne. Niemand sollte mich dabei beobachten. Hoch konzentriert, ohne zu stolpern, gelangte ich zur Kasse, wo kein Interesse an meinem Alter bestand. Die Spannung stieg, die Erwartung war riesengroß. Der Film hieß *Der Harem*. Über eine gute Stunde sah man nichts, was nicht auch Einjährige hätten sehen dürfen. Doch dann gipfelte die sündige Unterhaltung in dem unerträglich frivolen Bild einer schönen jungen Haremsdame, die für einen Teil einer Sekunde das Brusttuch leicht anhob.

Im Alter von vierzehn Jahren führte mich ärztlicher Rat zum Tennisspiel. Nach der erfolgreichen, wenn auch verspäteten Mandeloperation tat sportliche Betätigung dem Körper gut; ich schoss kräftig nach oben, in die Höhe. Gespielt wurde in der idyllischen Anlage der Trierer Tennisgesellschaft (TGT). Sie lag unmittelbar an der Mosel. Im Hintergrund blickte man auf einen hell rotfarbenen, steil aufragenden Sandsteinkamm. Farblich ähnelte er den berühmten Felsen von Roussillon an der französischen Cote d'Azur. Als Abschluss zum Horizont staksten oben mehrere große, dunkle Bäume, Nadelbäume meist. Sonst strotzte alles vor Grün, wohin der Blick auch ging, und der dichte Rasen wirkte wie gekämmt. Büsche und Sträucher sahen aus, als seien sie beim Frisör gewesen. Das Clubhaus mit einer gemütlichen, trotzdem geräumigen Terrasse bildete den Treffpunkt der Mitglieder. Die Gastronomie genoss weit über den Kreis der Mitglieder hinaus einen guten Ruf. Forellen mit Zitronen-Mus gefüllt und sehr knusprig gebackene Kartoffelpuffer mit Schnittlauch-Frikadellen standen bei den Gästen hoch im Kurs.

Von Weitem schon sah ich sie. Genau genommen schaute jeder auf sie. Ein Mädchen, fast eine junge Frau, besonders groß, beschirmt von langen, braungoldfarbenen Haaren, elegant in jeder Bewegung, mit auffallend grünen Augen und einem schönen Gesicht. Die Augen strahlten groß und blieben jedem Betrachter in Erinnerung. Charlotte wirkte nicht verschlossen oder traurig. Obwohl gerade der Verlust ihres Vaters Hanns zwei Wochen vor Kriegsende im April 45 in Karlsbad genügend Anlass gegeben hatte.

1954 – Die Ohrfeige fürs Leben

Es gab im Frühstückszimmer stets um drei Uhr nachmittags einen Kaffee oder Tee mit Kuchen oder etwas Gebäck. Umgeben von vielen Grünpflanzen, die auf den Fensterbrettern auf Wasser warteten. Ich fand wenig Gefallen an diesen Staubfängern.

Vom Café Bley angeliefert, standen eines Tages sechs Zitronenrollen und zwei Krokant-Sahne-Schnitten auf dem Tisch. Irgendetwas musste bei der Bestellung schiefgelaufen sein, acht Stücke für sieben Personen? Nachdem jeder sein süßes Teilchen verzehrt hatte, blieb folgerichtig eine Zitronenrolle alleine und verloren in der Mitte des Tischs zurück. Ich wusste nicht warum, und es ist auch den Eltern lange ein Rätsel geblieben, wie es zu dieser habgierigen Reaktion kommen konnte, zu dieser völlig unverständlichen, unverschämten Tat.

Kurz gesagt: Ich griff nach dem letzten Stück, ohne zu fragen. Ohne zu fragen! Dunkelheit machte sich breit, der Wind hörte auf zu wehen und die Vögel verstummten. Am Tisch konnte man das Unerhörte, das gerade geschehen war, mit Händen greifen. Gisela glaubte ihren Augen nicht zu trauen, die drei Geschwister wähnten sich im falschen Film und nach einer fast, fast endlosen Sekunde der Schockstarre dröhnte Vater Oskar laut:

„Dieter, das tut man nicht, man fragt erst um Erlaubnis. Die anderen am Tisch hätten sicherlich auch gerne noch etwas davon abgehabt."

Was ja gerade der Auslöser für meine böse Tat gewesen war.

„Jetzt geh auf dein Zimmer und schäme dich."

Das war die Höchststrafe. Rache sinnend stolzierte ich in das zweite Obergeschoß, in mein Zimmer. Dort schlachtete ich mein spargelgrünweißes Sparschwein, entnahm übermütig einige Markstücke und schlich leise summend über die hintere, schmale, für das Personal vorgesehene, Treppe aus der Westallee.

Was für ein Filou er doch war. Grimmig gestimmt lief ich schnurstracks zur Bäckerei Mostert an der Straßenecke und kaufte eine Puddingschnecke. Danach schlüpfte ich wieder lautlos auf Zehenspitzen und mit bebendem Herzen über das bereits auf dem Hinweg genutzte Treppenhaus erneut nach oben. In der perfiden Absicht, das süße Stückchen heimlich genussvoll auf meinem Zimmer zu verspeisen. Ein wenig knarrte das alte Holz, trotz aller Vorsicht, mit der ich die Stufen betrat.

Doch als ich im ersten Stock angekommen war, stand dort groß und bedeutend mein Vater, der bewunderte. Täuschte ich mich? War er zwischenzeitlich gewachsen? Tiefes Entsetzen, das an Intensität weiter zunahm, kroch meinen Rücken empor. Es war mehr als ein Kribbeln. Oskar fragte barsch, „was hast Du da hinter dem Rücken verborgen?"

Darauf hatte ich nur gewartet. Trotzig verteidigte ich den Einsatz meines Taschengeldes:

„Ich kann mir doch davon kaufen, was ich will!"

Nie in meinem Leben sah ich eine rechte Hand schneller auf mich zukommen. Die flache Hand traf mein Gesicht seitlich in Höhe des linken Ohrs, ich fiel hinterrücks und rutschte auf dem Rückgrat über die Holztreppe nach unten, bis ich auf den Fliesen vor Irmas Küche auf den Fliesen zum Liegen kam. Der kalte Fußboden roch nach Sagrotan. Ein sauberer Haushalt eben.

In Windeseile stürzte er hinter mir her, beugte sich über mich, stammelte aufgelöst, ob mir etwas fehle. Ob er mir sehr wehgetan habe? Das Gesicht brannte, der Rücken schmerzte noch ein wenig, aber wie der Vater sich mit so viel Anteilnahme über mich beugte, konnte ich nicht anders, umhalste ihn und bat ihn um Entschuldigung für meine Frechheit:

„Mir fehlt nichts, wenn wir weiter gute Freunde bleiben."

1950/1954 – Lehrer Hammurabi

Norbert, der Schläger, wurde zum Albtraum. Fast hätte ich 1950 die Aufnahmeprüfung zum Max-Planck-Gymnasium nicht geschafft. Die schweren gesundheitlichen Probleme der letzten Jahre führten zu vielen Fehlstunden. Große Lücken in fast allen Kernfächern traten offen zutage. Wie hasste ich diese ersten Schuljahre! Ich bot das Bild eines typischen Spätentwicklers, der auch noch gesundheitlich angeschlagen war. Beides hing eng miteinander zusammen. Ich durchlebte Jahre voller Selbstzweifel. Eine massive Akne potenzierte meine Probleme. Kein Hautarzt konnte helfen. Die Behandlungen verschlimmerten alles noch mehr.

In der Unterstufe fasste ich nie richtig Fuß. Als sich in der Quarta zu dem *Mangelhaft* in Mathematik noch eine weitere Fünf in Latein hinzugesellte, geriet meine Versetzung in den Bereich der Unmöglichkeit. Dabei hätte die schlechte Benotung im Fach Latein nicht sein müssen. Doch der Pauker Steinbach mit dem Spitznamen Hammurabi, so genannt nach einem legendären babylonischen Gesetzgeber, entwickelte eine besondere, fast sadistische Freude daran, bestimmte Schüler systematisch zu benachteiligen, vornehmlich solche aus dem Unternehmertum.

Nach Betreten des Raums wünschte er, auf mich zeigend, zu wissen, wie das *Klassenzimmer* auf Lateinisch übersetzt heiße. Diese Vokabel hatte jedoch den Unterricht bisher noch nicht betreten. Die Überraschung, dass ich die Antwort schuldig blieb, hielt sich in Grenzen. Keiner der Mitschüler hätte die Frage beantworten können. Hammurabi notierte, wie er lautstark verkündete, ein *Ungenügend* in sein Büchlein mit dem blauen Plastikeinband. Ein roter Einweckring diente als eine Art Klammer.

Die klammheimliche Freude über diesen Eintrag sah man ihm deutlich an. Er stülpte bei dieser Gelegenheit stets die unansehnlichen Lippen nach vorne; die meist auch noch mit etwas

Speichel behaftet waren. Seinen Liebling, den Klassenprimus Ulrich, eines Hausmeisters Sohn, fragte er dann, wie das Wort *Prüfung* auf Latein übersetzt heiße. Der blasse und unscheinbare Ulrich gab die Antwort, die nicht schwergefallen war. Allein für die Nennung des Wortes *Examina* erhielt er ein *Sehr gut*.

„Das hätte unser Pförtner auch gewusst", meinte mein Freund Jürgen nicht zu leise, aber abgewandt in Richtung der Fenster nuscheln zu müssen. Was ihm, wie sich dann herausstellte, nicht sonderlich gut bekommen sollte. Er erhielt ebenfalls eine Sechs als Eintrag in das kleine, feine Büchlein. Seine Freundschaft war Balsam, gerade für mich als gehandikaptem Schüler. Sein Vater war Unternehmer*. Er besaß eine nur in der Region bedeutende, kleine Bierbrauerei. Ich sollte die Klassenarbeiten stehend am Fensterbrett schreiben, als Einziger. Diese Form der Ausgrenzung bereitete mir auf Dauer keine Freude.

Eine gewisse Genugtuung empfand ich, als ich bei unserem zehnjährigen Abiturtreffen erfuhr, dass Ulrich Nachfolger seines Vaters und somit ebenfalls Hausmeister geworden war. Ein ehrbarer Beruf zwar, der jedoch im Vergleich zu der Qualität seines Gymnasialabschlusses eine glatte Unterforderung darstellte. Er war nach dem Eintritt in die Universität an der Freiheit, die das Studium bietet, gescheitert. Und an der Selbstständigkeit, die erstmals von ihm eigenverantwortliche Entscheidungen abverlangte.

Während ich alleine stehend mit dem reizvollen Blick auf das Mädchengymnasium die Prüfungsarbeiten schrieb, *ponste* hinter meinem Rücken die gesamte Klasse; das heißt sie schrieb aus dem Pons ab. *Pons* kommt von Brücke und ist ein kleines, gelbes Büchlein. Es enthält die deutsche Übersetzung der wichtigsten in Latein geschriebenen geschichtlichen Ereignisse. Die Quarta musste wiederholt werden.

---

* Anja Piel, die Fraktionsvorsitzende der Grünen im Niedersächsischen Landtag meinte, man müsse die Gymnasien kurzhalten, weil sich dort die Unternehmersöhne zusammenrotten würden.

„Und das ist gut so", befand Oskar trotz seines preußisch-strengen Hintergrunds. Es war der Tag, an dem der Sitzenbleiber tief geknickt, um *einen Kopf kürzer* mit dem Zeugnis in der Hand nach Hause geschickt wurde. Der Vater bewies ein besonderes Gespür für solche Situationen, als er meinte, „die Wiederholung schadet dir, mein lieber Dieter, als Spätentwickler überhaupt nicht."

Er sollte recht behalten; ich blühte auf, freute mich über einen neuen Lateinlehrer namens Spoo mit Spitznamen „Sulla", nach einem römischen Staatsmann aus dem ersten Jahrhundert vor Christus. Der verzichtete auf jede Form der Sonderbehandlung. Über die nächsten zwei Jahre hinweg verbesserten sich meine Leistungen nicht nur in Latein merklich. Sulla verfügte über die pädagogische Begabung, die Schwachen zu stützen und zu ermuntern, zugleich aber die Starken frei laufen zu lassen. Dafür hatte er Lehramt studiert. Gleiche Chancen für alle! Ob der Vater den Beruf des Unternehmers oder den des Hausmeisters ausübte, spielte für ihn keine Rolle. Zwar hatte ihn der Zweite Weltkrieg gezeichnet und ihm ein Bein genommen, dennoch erwarb er sich schnell Respekt. Die fröhliche Lässigkeit, mit der er mit seinem Holzbein kokettierte, offenbarte ein Maß an Souveränität, die jeder Schüler sofort spürt und honoriert.

Das Drama erfuhr seine Wiederaufführung. Ich berichtete meinen Eltern bei Tisch die Neuigkeit; es gab wieder einmal Forellen mit gebutterten Jungkartoffeln. Es war ein typischer Freitag im katholischen Trier:

„Das Unglück ist perfekt. Hammu wird wieder mein Lateinlehrer. Sulla muss eine andere Klasse übernehmen. Es wird furchtbar. Aber dieses Mal wehrt sich die Westallee. Ich lasse mir meine Zukunft von so einem Scheusal nicht vermasseln."

Es begann dort, wo es vor zwei Jahren geendet hatte: Klassenarbeit stehend am kalten Fensterbrett und wahlloses Abfragen von bisher noch nicht behandelten Vokabeln. Und wiederum befragte Hammu allein mich. Doch dieses Mal bat ich meine Mutter um Hilfe:

„Du musst bitte zu Hammurabi in die Elternsprechstunde gehen und mit ihm reden, Mutti."

Eigentlich fand sie es ganz interessant, das Monster auf diesem Weg persönlich kennen zu lernen. Tage später irrte sie durch die ausgedehnten Flure des Max-Planck-Gymnasiums. Es roch nach Muff, Sidolin und Bohnerwachs. An der langen Ahnengalerie mit den Schuldirektoren der letzten zweihundert Jahre vorbeieilend, hatte sie keine Zeit für ein eingehenderes Betrachten der Bilder. Schlussendlich traf sie auf den Raum der Oberprima I A. Hier fand Hammus Sprechstunde statt.

Sich für den Canossagang passend treudeutsch zu kleiden, keine Schminke aufzulegen und möglichst wollene Strümpfe zu tragen, dieser Rat von mir hatte sie überrascht. Gisela hatte es kaum für möglich gehalten, sich gezwungenermaßen in dieser Form zu verkleiden. Dabei war der Ratschlag vollauf begründet. Hammu ließ im Unterricht durchblicken, die deutsche Frau solle sich deutschnational, würdevoll und demütig betragen. Demut passte besonders gut zu Gisela! Diese Einstellung ging einher mit kruden sozialistischen Gedanken: Wer mehr besaß als der Durchschnitt, den mochte er nicht. Alle Menschen sollten *gleich* sein. Hammu hatte Max Horkheimer nicht gelesen, der meinte, „Freiheit tötet die Gleichheit und Gleichheit macht Freiheit unmöglich."

Menschen können nicht wirklich gleich sein! Allein schon die Eltern und die Großeltern sind zu verschieden! Also alle gleichmachen? Hatten wir alles schon einmal. Da waren ich, der Kaufmannssohn, und meine Freunde das passende Feindbild für den Gleichmacher: Manfred, Sohn eines selbstständigen Physikers, Carlo, Sohn eines unbedeutenden Bauunternehmers aus Luxemburg, Wolfgang, Sohn eines Kleinunternehmers der Elektrobranche und der Brauersohn Jürgen Mendgen.

Die ausgelassene Butter tat den leicht mehligen Kartoffeln gut. Die Forellen fielen von den Gräten. Und schmeckten besonders würzig; Irma hatte sie vor der Reise in den Ofen mit Büscheln von Estragon gefüllt.

Gisela besuchte das Gymnasium; die Begegnung mit Hammu sollte in unserem Klassenzimmer stattfinden. Gang und Vorraum strahlten das Gegenteil von Modernität und Bequemlichkeit aus. Steril und kalt wirkten die mit altem Öl in der *hübschen* Farbe kackbraun mannshoch gestrichenen Wände. Gisela trug, wie ihr aufgetragen, lange Wollstrümpfe, die sie nicht gewöhnt war; sie kratzten und kitzelten. Ihre schönen, tiefschwarzen Haare versteckte sie unter einem farblosen Kopftuch. Sie trug es nicht aus religiösen Gründen – aus politischen schon gar nicht.

Das Kopftuch war an den türkischen Universitäten grundsätzlich verboten. In Istanbul hielt sich im Sommer 2013 hartnäckig das Gerücht, Erdogan vergebe Stipendien gezielt an Studentinnen, die *freiwillig* ein Kopftuch tragen würden. Das war gedacht als Vorbereitung auf den Schritt, der dann folgte: Wer wolle, dürfe – wegen der Gleichberechtigung – jetzt an der Universität ein Kopftuch tragen, entschied der Präsident. Um so etwas zu erfahren, muss man FAZ-Leser sein. Atatürk war lange tot.

Draußen auf dem Flur kauerte sie aufmerksam, aber nicht demütig auf einer knorrigen langen Holzbank – ohne Rückenlehne. Die schlecht verarbeiteten Astlöcher zogen lange Fäden aus ihrem grob gewirkten Bauernrock. Die lautstarken, wirklich bösartigen Auseinandersetzungen zwischen den Müttern und Hammurabi konnte sie gut durch die nachkriegsbedingt papierdünne Ersatztür verfolgen. Mutlosigkeit machte sich unter den Müttern breit.

Als Gisela an der Reihe war und das Klassenzimmer betrat, hing der Lehrer tief über sein Pult gebeugt. War es schlechtes Gewissen oder der Druck der Verantwortung? Gisela stutzte; sie solle, so seine schnarrende Anweisung, in der ersten Bank Platz nehmen. Sie ignorierte den Befehl:

„Zum Gespräch, Herr Steinbach, ist es besser", sagte sie höflich, aber nicht unterwürfig, „dass ich mich neben Sie an das Lehrerpult stelle, wenn Sie gestatten."

Irgendwie fühlte sie sich sehr unfrei mit Kopftuch, dicken Strümpfen und grobem Rock. Ihrem Mut tat das allerdings keinen Abbruch.

„Frau Sommer", brach es dann unkontrolliert laut aus ihm hervor, „Frau Sommer, ich bin kein Kommunist, Ihr Sohn, dieses Engelchen ..."

Weiter kam er nicht. Denn Gisela, als Mutter von vier Kindern aus drei Ehen kampferprobt, machte die Furie und schrie ohne Rücksicht auf die draußen vor der dünnen Tür sich duckenden Mütter:

„Der ist kein Engelchen, der ist ein ganz normaler Junge, behandeln Sie ihn also auch als solchen, verdammt noch mal."

Hammurabi, mittlerweile mit weißgräulichem Schaum vor dem Mund, zitterte an allen Gliedern, stierte starr und glotzte stumm zum Fenster hinaus. Er bot ein faszinierendes Bild des Abscheus. Kleine, größer werdende Bläschen bildeten sich vor seinen Lippen. Meine Mutter fand keinen Gefallen an dem Anblick, sie wandte sich angeekelt ab. Vor der Türe empfing man sie wie eine antike Heldin, die eine heftige Auseinandersetzung mit Zeus gewagt hatte. Sie atmete tief durch:

„Hart gegenhalten!"

Und das Wunder geschah. Der Lehrer betrat am nächsten Montag das Klassenzimmer und murmelte nicht einmal unfreundlich:

„Ja, von Engel Herz, das wissen Sie, ich notiere eine Eins."

Was sollte das? Ich war sprachlos. Jetzt überzog der Pauker in die entgegengesetzte Richtung. Die plötzliche Bevorzugung löste bei mir ein Gefühl der Peinlichkeit aus. Täuschte ich mich? Hatte Hammu heute einen besser sitzenden Anzug an? Wirkte er nicht ganz so ausnehmend hässlich wie an normalen Tagen? Oder war es doch nur Einbildung? So bestand ich das Abitur ganz entspannt. Die Westallee hatte gewonnen:

„Der Hilferuf, er sei kein Kommunist, ist eine emotionale Reaktion auf den wirtschaftlichen Erfolg von Vater Oskar. Vielleicht war es der Hilferuf eines Ausgegrenzten, eines aufgrund seines hässlichen Äußeren Benachteiligten?"

1959 – Leistungsfach Kunst

Es war die Zeit des beginnenden Wirtschaftswunders. Für uns lag der Zweite Weltkrieg weit zurück, die ältere Generation war dagegen noch voll mit der Aufarbeitung der Vergangenheit beschäftigt. Im Parlament dominierte die regierende CDU, heftig kontrolliert von der oppositionellen SPD. Die junge, von den Alliierten verordnete, Demokratie funktionierte.

„Wahre Freiheit findet man nur in der Kunst", sagte ich meinen Eltern am Mittagstisch. Ich wollte im Abi lediglich in meinem Leistungsfach Bildende Kunst geprüft werden. Dazu war es erforderlich, in Deutsch, Englisch, Französisch gute Arbeiten abzuliefern. Eine mündliche Prüfung würde sich dann erübrigen. Ich sagte meiner Mutter:

„Das nicht ganz legale Herausfinden der Abi-Arbeiten, das ist meine Antwort auf die Schikanen, denen ich Jahrelang ausgesetzt war. Das wird natürlich ein schwieriges, gefährliches Abenteuer."

Der Englischlehrer Plon führte mit unserer Oberprima zum ersten Mal eine Klasse zum Abitur, was für einen Junglehrer stets eine besondere Herausforderung darstellt. Plon war ein Frauentyp. Noch keine dreißig Jahre alt, alert, unkompliziert und sehr charmant. Die Schüler mochten ihn. An eine Mädchenschule hätte man ihn aber nicht geben dürfen. Dann fiel mir in der Vorabiturzeit ein Ritual auf: Plon betrat den Klassenraum und fragte ganz unvermittelt, „wie schreibt man eigentlich *Mediterranean*, oder was bedeutet *dark crisp hair*?"

Jede einzelne dieser scheinbar so beiläufig hingeworfenen Vokabeln notierte ich sorgfältig. Ja, ich schrieb alles mit, was der Lehrer fragte und sagte. Die Kameraden hatten die *Beute* noch nicht gewittert. Ich brauchte nur noch den Text der von Plon geplanten Nacherzählung. Denn ich vermutete, die Vokabeln seien Bestandteil der Prüfungsklausur. Warum sonst hätte er diese sechzig Begriffe ohne jeden Zusammenhang in den Klassenraum geworfen? Doch nur, damit er sich nicht mit seiner ersten Abi-Klasse vor den Kultusbehörden blamierte.

Dann kam ein besonderer Glücksfall mir zu Hilfe. Mister Alexander Freeman, ein Austauschlehrer aus den USA, hospitierte unseren Englischunterricht. Nun war mal wieder Fasnacht-Zeit; gerade im rheinisch geprägten Trier verstehen die Bürger unbeschwert zu trinken und zu tanzen. Wieso gab sich diese Stadt derart ausgelassen der sogenannten *fünften* Jahreszeit hin? Ob es daran lag, dass sich der katholische Mensch nach Beichten, Bereuen, Beten und Befreiung erneuert und gestärkt fühlt, die Dinge des Lebens zu genießen? Lag in dieser Chance, von begangenen Fehlern nach dem Bereuen freigesprochen zu werden, nicht etwas Beglückendes, etwas Göttliches? Wie bedrückend müsste es sein, wenn dieses Ventil verstopft, ein Entkommen unmöglich wäre? Wäre Verätzung von innen die Folge?

Im Schieferkeller tanzten die besten Bälle. Mr. Freeman, der Austauschlehrer, lief auffallend verloren auf der Party umher. Die deutschamerikanische Freundschaft bedarf ebenfalls der Pflege, dachte ich. So lud ich ihn spontan, wenn auch nicht ohne Hintergedanken, zu einem frisch gezapften Löwen-Pils ein. Freeman prostete dem Gymnasiasten frohgelaunt zu. Ohne großes Zögern tastete der sich an das brenzlige Thema heran und fragte, von welchem Autor die für das Abitur ausgesuchte Nacherzählung wohl sein könnte: Hemingway oder Shakespeare? Freeman setzte ein wissendes Lächeln auf und murmelte:

„Die Nacherzählung könnte wohl eher von einem Schriftsteller wie Somerset Maugham stammen."

Als Dank kam ein zweites Bier.

„The famous German Beer – Wunderbar!"

„Yes, indeed", murmelte der Beglückte.

Am nächsten Morgen borgte ich von meiner Mutter den drei Jahre alten weißen Ford – mit Gangschaltung rechts oben am Lenkrad. Es war kurz nach acht, die Autobahn frei. Und so steuerte ich das vierzig Kilometer entfernte Luxemburg an. Gisela war eingeweiht. Etwas Geld steckte sie mir großzügig zu. Ich fand die Bücher ohne Probleme in einer internationalen Bibliothek. Eine junge, freundliche Verkäuferin aus Frankreich half mir. Ich traf auf das, wonach ich gefahndet hatte: *The complete short stories* von W. Somerset Maugham. Unerhörte neununddreißig Mark musste ich hinblättern. Aber es war gut angelegtes Geld!

Mit überhöhter Geschwindigkeit kehrte der Schatzsucher gegen Abend nach Hause zurück. Zappelig war ich. Die Neugier stieg und stieg. Im dritten Band fand ich endlich die gesuchte Stelle, auf Seite 1276. Der Text war nicht sehr lang. Es umfasste nur gut zwei Seiten Papier und hieß *Mayhew*. Ich zitterte am ganzen Körper. Die sechzig Vokabeln, die ich im Unterricht über Wochen gesammelt hatte, sprangen mir förmlich entgegen. Kein Irrtum möglich.

Ich sagte im Vertrauen meiner Mutter, die mit bezaubernd fröhlichem Lächeln auf mich zukam, die Englisch-Arbeit sei jetzt *gesichert*. Sie strich mir liebevoll über das lange Haar.

„Du musst mal wieder zum Frisör", meinte sie beiläufig.

Ich fand in diesem Moment das Thema völlig nebensächlich und sagte, „jetzt fehlen noch die Arbeiten in Deutsch und Französisch."

Meine Komplizin staunte. Sie konnte meine unbändige Lust auf Rache, die ich mir nach Jahren der Quälerei verdient hatte, nachvollziehen.

Ein weiterer Zufall spielte mir ins Blatt. Der von allen respektierte Deutsch- und Französisch-Lehrer Kai Reimann unterrichtete unsere Klasse. Seine saubere Schrift hielt exakt auf den Deckeln fest, wie es sich für einen Gymnasiallehrer gehört, worauf es mir ankam.

Wenn Reimann in der zweiten Stunde Deutsch und in der dritten Französisch unterrichtete, nahm er der Einfachheit halber seine feine Tasche aus ägyptischem Krokodilleder nicht mit in die große Pause. Warum sollte er sich während der zwanzig Minuten mit dem lästigen Teil herumplagen? Es gab den bestellten Aufseher, der mit dem Klassenschlüssel, der aufpasste, dass nur *befugte* Hände an den Tascheninhalt kamen. Ich kramte ohne

Hektik. Dem Abi stand nichts mehr im Wege: Die Prüfungsaufgaben in Englisch, Deutsch und Französisch waren im Sack.

Eine fast unüberwindbare Barriere hatte ich bereits ein Jahr zuvor übersprungen. Als es darum ging, ein *Ausreichend* in dem für mich ebenfalls schwierigen Fach Chemie zu ergattern. Der Schüler stand wackelig zwischen Vier und Fünf. In der alles entscheidenden, schriftlichen Chemie-Prüfung rührte sich der stellvertretende Direktor und Oberstudienrat mit dem bezeichnenden Namen Messer nicht vom Fleck. Sein Beharrungsvermögen erschien mir penetrant. Er blieb wie angewurzelt stehen, unmittelbar vor meiner Bank. Ich blickte leer die Fensterreihe entlang. Es fiel mir sichtlich schwer, einen unbeteiligten Gesichtsausdruck aufzusetzen. Messer rührte sich nicht vom Fleck. Ein Messer tut so etwas nicht. Nun stand er schon eine volle Stunde wie eingemauert vor meiner Bank.

Wurde er denn gar nicht müde? Er war doch sicherlich schon über sechzig. Manchmal glaubte ich, ein kurzes, wissendes Lächeln in seinem Mienenspiel erkennen zu können. Oder bildete ich mir das nur ein? Die richtigen Antworten, mit einem extra harten, spitzen Stift zu Hause vorgeschrieben, drängelten auf Befreiung aus ihrem dunklen Versteck. Linke Innentasche unten. Mein Gaumen fühlte sich pelzig an, die Augen tränten und die fahrigen Hände suchten Halt.

Da trat unerwartet der Direktor des Gymnasiums, Dr. Emil Zenz, ein und tuschelte vertraulich mit seinem Stellvertreter Messer. Zenz übergab die Aufsicht einem jungen Referendar, der sich ohne Zögern in die *Frankfurter Allgemeine Zeitung* vertiefte und konzentriert lesend durch die Bankreihen schritt, ohne nach links oder rechts zu schauen. Ich glaubte, der liebe Gott habe mir diesen jungen Mann zur Rettung gesandt. Beherzt griff ich in mein Jackett. Die Lektüre der FAZ muss fesselnd gewesen sein, denn es bereitete keinerlei Mühe, all das nachzuholen, was in der ersten Stunde aus Vernunft versäumt werden musste. Der kleine Spickzettel, der sich lange genug in der linken Innentasche bequem ausgeruht hatte, half. Zu Hause angekommen, musste ich das Hemd wechseln.

Später feierten wir in einer Kneipe ausgelassen. Plon munterte mich nun mehrfach freundlich auf, ich solle doch bitteschön die gute Arbeit erklären. Der Schüler lachte vielleicht etwas übertrieben laut, schwieg sich jedoch umso konsequenter aus. Plon zog die rechte Augenbraue etwas hoch, so ähnlich wie Jack Nickolson. Chemielehrer Messer gratulierte und meinte:

„Also, Herr von Herz, es bleibt mir nach wie vor ein Rätsel, wie Sie ausgerechnet im Fach Chemie ein ‚Befriedigend‘ geschafft haben. Wie ist das denn nun zu erklären?"

„Ich bin nun mal ein Spätzünder. Ich habe eine Stunde gebraucht, bis sich der Knoten in meinem Kopf gelöst hat."

Und wie hatte Hammu vor Jahren auf dem Höhepunkt der Quälerei mit klammheimlicher Freude, dann laut gerufen:

„Dieser von Herz macht auf diesem Gymnasium, an dieser Schule, solange ich an dieser Lehranstalt unterrichte, sein Abitur – nie – niemals!"

1959 – Die Stulle durch den Zaun

Das benachbarte Mädchengymnasium, das Charlotte besuchte, hieß Auguste-Viktoria-Schule. Gelegentlich traf man sich nach der Schule in der Clique im Café oder auf der Hauptstraße, der Simeon Straße. Es herrschte tiefer Winter, es war Februar. Die Jungs und Mädchen trugen Handschuhe und langgehende Mützen. Es war die Zeit der langgehenden Mützen.

Dann plötzlich schien die Sonne, es wurde sehr warm und freundlich. Denn eines Tages steckte Charlotte mir überraschend auf dem Schulhof während einer Abi-Pause eine kleine, feine Schinkenstulle zu. Von außen durch den Zaun. Einfach so!

Diese kleine Stulle empfand ich als etwas Besonderes. Das passierte nicht alle Tage. Was sollte das bedeuten? Verstand ich die Geste richtig? Meine Umgebung bemerkte davon jedoch nichts. Das war mir gerade recht. Die Sache mit diesem Mädchen, wenn sie denn irgendwann einmal beginnen sollte, würde nicht einfach, sie war allseits begehrt.

Ich blinzelte gegen die kalte Spätwintersonne und dachte fröhlich an eine Zukunft, die ich nun in hellerem Licht sah.

Denn mit neunzehn Jahren wiegt eine solche Geste schwerer als mit vierzehn. Die Zeit des unverbindlichen Besuchs des Jugendkinos und des Eisessens bei Calchera auf der Sim würde bald hinter uns liegen. Das spürten wir, unabhängig voneinander: Ich und auch Charlotte. Ohne ein Wort darüber zu verlieren. Das Schinkenbrot war Konversation genug.

Als Leistungsfach wählte ich Bildende Kunst. Zunächst kam etwas Gotik, das Straßburger Münster, dann ein wenig zeitgenössische italienische Malerei und, wäre noch Zeit vorhanden, könnte man über Balthasar Neumann diskutieren.

Mit Balthasar Neumann, Lichtgestalt des Würzburger Barocks, war ich ohnehin vertraut. Das Kurfürstliche Palais lag lediglich zweihundert Meter von meinem Elternhaus, der Westallee, entfernt. Dort konnte man das von einem Neumann-Schüler geschaffene Treppenhaus bewundern. Die in hellem Sandstein gefassten Stufen rankten nach oben. Ich schloss die Augen und sah die weltlichen und geistlichen Würdenträger früherer Jahrhunderte zu Ruhm und Ehre emporsteigen: zum Kurfürsten. Trier stellte lange Zeit einen der sieben Kurfürsten des Heiligen Römischen Reiches Deutscher Nation. Charles Gounod fängt diesen Moment in seiner Sinfonie Nr. 1 grandios ein. Eine Musik, die das getragene, stolze Hinaufschreiten einer Gruppe von einflussreichen Menschen trefflich wiedergibt.

1959 – Doch Charlotte

Die Pläne für die Zukunft kreisten um die Frage, die mich seit Langem beschäftigte:

„Werde ich Bildhauer oder Kaufmann? Als Stiefsohn, als ein Mitgesellschafter? Wohl kaum. Trotz der Nähe zum zweiten Vater. Dann wohl doch zuerst eine Lehre bei einem Künstler. Oder beginne ich als Praktikant beim Daimler?"

Mein Leben sollte in anderen Bahnen verlaufen. Es steuerte auf neue Ufer zu und an einem stand das Mädchen Charlotte. Ich plante meine private Abiturfeier. Unserer Familie gehörte ein gemütliches Wochenendhaus in Lampaden, im Hunsrück. Gelegen im hohen Tann mit Bach und Holunderbüschen. Kitschig schön. Ja, die Spechte hämmerten wild und im Herbst fand die Hirschbrunft unmittelbar vor der Haustür statt. Normalerweise erhielten wir Kinder keine Erlaubnis, dort Partys zu feiern. Zu groß schien die Gefahr, das eine oder andere Pärchen könnte sich unkontrolliert in eines der oberen Schlafzimmer zurückziehen. Der leicht rötlich gelockte Louis mit einem Gesicht wie der junge Jean Gabin und die hoch aufgeschossene, eindrucksvoll hübsche Biggi (der Bardot nicht unähnlich), nahmen den Weg in eines dieser Zimmer. Ohne Begleitung! Der junge Hausherr machte nicht gerne den Polizisten, aber versprochen ist versprochen. Ohne Gesichtsverlust führte ich Venus und Amor, nachdem ich sie aus ihren Träumen, aus ihrem Frühlingshimmel, hatte reißen müssen, wieder dem allgemeinen Partybetrieb zu.

Die Einladungen schrieb ich sehr sorgfältig mit der Hand. Mit einem Pelikan-Füller, versteht sich, klar: es war derjenige meiner Mutter. Der verbotene Füllhalter, der mit relativ breiter Goldfeder. Als ich an die Reihe des für Charlotte vorgesehenen Kuverts kam, kribbelte es in meinen Fingern.

Dreißig junge Menschen begannen tanzend, feuchtfröhlich und ausgelassen die Party. Bill Haley heizte mit seinem Megahit *Rock around the clock* mächtig ein. Er gab ein neues Lebensgefühl wieder: Eine ausgelassene Beschwingtheit kam auf. Nach Jahren des Zwangs, der Entbehrung und Not kehrte Normalität in den Alltag ein. Der auch durch die westlichen Alliierten initiierte Wirtschaftsaufschwung lief auf Hochtouren. Die Menschen genossen die wieder gewonnene Freiheit, die der Staat ihnen gewährte. Einen Freiraum, den die neue Generation beanspruchte. Diese Musik war Ausdruck einer Freude, die auf die gesamte Bevölkerung ausstrahlte. Die Politik hielt sich zurück und sah mit Wohlgefallen die Emanzipation des Privaten.

Die Petticoats der Mädels standen waagerecht von den schlanken Körpern ab. Viele gut anzuschauende junge Damen wollten diese Feier nicht versäumen. Charlotte befand sich glücklicherweise, so war mein erster Gedanke, unter den Gästen. Sie kam und alles veränderte sich.

Ich sagte ihr zur Begrüßung, wie sehr ich mich über ihr Erscheinen freue. Unsere Wege trennten sich dann aber für einige Zeit. Ich stand mit Carlo, Wackel, Wolfgang und Jürgen beim Bier. Mit letzterem verband mich eine alte Freundschaft. Und mit Carlo war ich im Alter von sechzehn Jahren das Wagnis einer Moped-Tour an die Cote d'Azur eingegangen. Wo man ihm in Marseille die Brieftasche geklaut hatte. Während er im Zelt in der Bauchlage schlief, schnitten Ganoven sie aus seiner Gesäßtasche. Mit Wolfgang bereiste ich die Alpen, um mit diversen Skilehrerinnen zu tanzen und zu flirten. Das waren meine altvertrauten Freunde. Hier fühlte ich mich geborgen, zu Hause.

Bereits mit vierzehn Jahren war ich von der jungen Dame namens Charlotte fasziniert. Fünf Jahre später sagte ich nach der Abi-Party meiner Mutter, ich hätte an diesem Abend nicht in eine andere Richtung schauen können als dorthin, wo sie gerade saß. Natürlich sollte sie nicht bemerken, dass ich ihr nachsah. Ihr lästig werden, das wäre eine schlechte Taktik gewesen. Es hatte in der Vergangenheit einige Jungs gegeben, die sich mit ungeschicktem Heranpirschen ihre Gunst auch noch vorschnell verscherzten. Und überdies: Mich traf schon der Makel, so jung zu sein, da wollte ich nicht auch noch tölpelhaft wirken.

Jetzt schien der richtige Moment gekommen zu sein. Denn auf einmal, ohne jeden äußeren Anlass, begann sie, sich mir in einer Art und Weise zu nähern, die mich nervös machte. Es schien, als sähe sie mich mit ganz anderen Augen. Die Veränderung traf mich tief. Die Mitglieder der Clique waren mehr als überrascht. Denn sie wussten um das seit Jahren bestehende Beziehungsgeflecht, das stets eine Einbahnstraße gewesen war.

Es geschah gegen Mitternacht, ohne dass Alkohol, den sie nie besonders mochte, die Situation stimuliert hätte. Sie näherte sich mir etwas verlegen, um mich in einer nicht einzusehenden Ecke stürmisch zu umarmen. Endlich – ein Traum schien in Erfüllung zu gehen. Es war *ihr* Duft gemischt mit dem Parfüm Sortilège, den ich schnüffelnd einatmete, das mich schwindelig werden ließ. Im Laufe der nächsten Wochen und Monate hielt sich hartnäckig das Gerücht, Charlotte und Dieter würden miteinander *gehen*.

1958 – Oskar und Dieter

In der Weimarer Republik grassierte ein gewisser Sportwahn (Auslöser war die Olympiade 1928), der sich später in gefährliche Bünde und rechte Vereine auswuchs. Sie sollten mit zu den Unterstützern Hitlers gehören. Die Begeisterung der Jugend in der neu entstandenen Bundesrepublik entlud sich in der Freude an der Bewegung, in dem Wunsch, beengten Wohnverhältnissen zu entfliehen und in der Suche nach Freunden. Es galt nicht so sehr, sportliche Höchstleistungen zu erzielen. Die Bundesjugendspiele entzogen sich einer Einflussnahme durch die Politik. Vater Oskar förderte die sportliche Betätigung seiner Kinder auch deswegen.

Es war ein besonderer Urlaub mit Oskar und Monika auf Mallorca 1958, während Gisela mit den zwei jüngeren Geschwistern und der Kinderschwester sich an der Nordsee erholten. Monika machte sich nach der Ankunft im Hotel selbstständig. Daraufhin bildeten wir einen verschworenen Zweierbund unter Männern. Bereits am ersten Abend saß eine junge Pariserin mit Namen Marie-Annick am Nebentisch gemeinsam mit ihren Eltern. Während des Essens warf ich einige unbeholfene Blicke in Richtung Frankreich, die unbeantwortet blieben. Ich bat daraufhin Oskar, die Anbahnung eines Kennlernens zu organisieren. Also ging der Vater nach dem Essen frontal auf die Gäste zu.

Franzosen nehmen häufig nach dem Diner an der Bar noch einen Cognac. Dort standen sie: Monsieur und Madame Rolloy nebst Marie-Annick. Um es kurz zu machen, die beiden jungen Leute gingen am gleichen Abend mit elterlichem Segen zum Tanzen. Ich schaute über beide Ohren verliebt in den neuen Tag.

Am nächsten Morgen ergab eine Rücksprache mit Marie-Annick, dass der folgende Abend bereits mit den Eltern fest verplant sei. Oskar schlug deshalb vor, auch um mich aufzumuntern, gemeinsam in ein am Meer gelegenes Restaurant zum Tanzen zu gehen. So etwas hatte ich bisher nur in Hollywoodfilmen gesehen. Eine Zehn-Mann-Band spielte Blues. Rund fünfzig festlich gedeckte Tische mit Kerzen und Weinflaschen standen auf der großen Terrasse. Das glitzernde Wasser, das direkt an die Tanzfläche angrenzte, zog den Blick magisch an. Überall saßen Damen in Cocktailkleidern und Herren im Anzug mit Krawatte. Eine vornehme Gesellschaft schien das zu sein. Noch nie hatte ich einen derart luxuriösen Ort betreten. Wie hätte sich Bruder Helmuth über diese Leute lustig gemacht: „Viele Pinguine im Frack!"

Der Vater schmiss sich mit Verve in das Vergnügen, forderte ohne Zögern eine attraktive, tiefrothaarige Irin auf und kam nach Beendigung einiger Tänze an den Tisch zurück – leicht aus der Puste. Oskar schien um Jahre verjüngt. So ähnlich hatte er sich diesen Sonderurlaub vorgestellt. Da schritten, ja schwebten fast von oben die breite Treppe herunter in Richtung Meer: Zwei Herren, jeder trug einen silberblauen Smoking, die eine dunkelhaarige Dame einrahmten. Sie schien Anfang zwanzig zu sein und wirkte wie ein Star der Unterhaltungsbranche.

„Du, die Schwarzhaarige schaut die ganze Zeit hier rüber, zu dir."

Ich fühlte mich mit meinen gerade achtzehn Jahren verhöhnt. So konnte selbst Oskar nicht mit mir umgehen. Dieses Kaliber von Frau lag Lichtjahre von dem entfernt, was ich mir zutrauen konnte. Er blieb hartnäckig und sagte etwas spitz:

„Sie guckt schon wieder zu dir."

Mein Vater forderte mich heraus:

„Wenn du jetzt nicht dahin gehst und diese Dame aufforderst, dann bist du kein Urlaubspartner für mich."

Das saß. Ich stand auf, knöpfte das Jackett vorschriftsmäßig zu, griff korrigierend an die Krawatte. Und wir tanzten. Sie half mir. Sie kam aus Lyon. Die beiden Herren, die sie begleiteten, waren ihre Brüder. Wir tanzten viele Tänze zusammen; ihr Parfüm Zyankali erfuhr durch die Bewegung, die ihren Körper mächtig erhitzte, eine Duftnote, die mich betörte. Ihr leichtdunkler Teint verriet eine südfranzösische Herkunft.

Wir gingen eng umschlungen zu dem Tisch, an dem ich vorher mit dem Vater gesessen hatte. Ich war in einen Trancezustand geraten. Oskar hatte sich zwischenzeitlich dezent in Richtung Irland verabschiedet und hinterließ eine Flasche Weißwein im Kühler, an dem ein Zettel hing:

„Bis morgen früh, mon camarade."

Monique Grigny, so ihr Name, nahm mich und die Flasche als Begleitung mit an den Strand. Denn es gehörte sich damals überhaupt nicht für ein Fräulein, unbegleitet mit einem jungen Mann spät abends an den Strand zu gehen.

Und es musste wohl so kommen: Um drei Uhr nachmittags verabredete sich Marie-Annick, das war die aus Paris, mit mir für den Abend. Um vier Uhr rief Monique, das war die aus Lyon, an und meinte, ich solle sie doch bitte in ihrem Hotel auf einen Drink besuchen. Oskar stand unter der Dusche und wartete gespannt, wie sich sein *Großer* aus dieser kniffligen Situation befreien würde. Zu Marie-Annick hielt ich über ein Jahr eine enge Verbindung aufrecht. Mehrere Male war ich mit meinem Moped nach Paris gezuckelt. Doch als ihre Eltern bemerkten, wie ernsthaft das Interesse des jungen Deutschen an ihrer Tochter war, blockierten sie ein weiteres Wiedersehen. Die Hausangestellte Marie-Laure sagte am Telefon:

„Im Zweiten Weltkrieg ist der Familie unsägliches Leid durch die Nazis zugefügt worden."

Meine Frage nach der Resistance blieb unbeantwortet – verhallte im Telefonhäuschen.

Es ging weder nach Paris noch Lyon. Zur nächsten Reise nach Rom wegen Roberta Pancalli raunte Oskar:

„Die Möglichkeiten hatte ich nie. Nimm den Opel Rekord aus der Firma, tanke ihn voll und pass auf dich auf, mein Sohn. Hier ist etwas Geld. Kann man ja immer brauchen. Und schreibe bald, Mütter brauchen das."

1960 – Dieter als Kaufmann!

In der Folgezeit lautete Oskars Empfehlung, ich solle neben dem Studium meine Praktika handelsnah auswählen.

Die Ausbildung begann in der Großhandlung Spitzen & Modewaren GmbH in Köln. Drei Monate hantierte ich mit Knöpfen, Gürteln, Taschen und Kunststoffrosen, stellte Kundenlieferungen zusammen, hielt fest, welche Produkte am erfolgreichsten waren und welche den höchsten Gewinn abwarfen. Geld schob sich langsam, aber stetig in der Prioritätenliste meines Lebens nach vorne.

Nach dem Handel sollte, so der Plan, die Produktion als neues Lernfeld folgen. In den nächsten Semesterferien ging es zu *Kemper-Classic,* einem Kostüme-Hersteller des gehobenen Genres, mitten im dicksten Ruhrgebiet. Das möblierte Zimmer lag über der Kneipe von Berni Klodt. Das war der einzige Lichtblick. Ich war zwischenzeitlich zum Liebhaber eines gepflegten Pils geworden. Das Lokal des berühmten Schalker Fußballspielers sollte für drei Monate mein Wohnzimmer werden. Denn die unter flachem Dach gelegene Kammer war kalt und wirkte abweisend. Sie lud mit ihrer dunkelgrünen Wachsfarbe, die mannshoch die vier Wände zierte, nicht zu längerem Verweilen ein. Dazu kam, dass das Bad und das WC von drei Parteien genutzt wurde.

In der Kostüme-Firma arbeiteten viele hübsche, junge Damen als Modistinnen und Näherinnen. Mein Vater hatte mir jedoch unmissverständlich als Marschroute vorgegeben:

„Du gehst jetzt dahin als Junior, als zukünftiger Chef, und ich erwarte, von meinem Kollegen keine Klagen zu hören."

Das letzte Praktikum gab es bei der Dresdner Bank am Promenade Platz im schönen München. Ich sortierte Schecks nach Nummern und übte Ablage. So etwas muss gelernt werden. Dafür verdiente ich vierhundert Mark im Monat. Ein Telefonat mit dem Vater brachte die Lösung. Er sagte kurz und bündig:

„Lass den miesen Job und mach was Interessanteres, geh in die Effektenabteilung, ich überweise dir das Geld."

Nichts anderes hatte ich erwartet. Diese Reaktion war vorauszusehen, so wie Oskar dachte und agierte. Später hätte er mir Vorwürfe gemacht, eine so wichtige Zeit in der Bank mit sinnlosem Tun zu verplempern.

1963 – Verlobung mit Charlotte

Nachdem Charlottes Mutter Anneliese alle Gäste begrüßt hatte, ergriff überraschend Gisela nach der ersten Vorspeise das Wort. Und glättete damit Unebenheiten. Ihre Erscheinung löste nach wie vor Aufmerksamkeit aus. Ihre halblangen, tief blauschwarzen Haare machten sie jünger. Auch das dezente Dekolleté passte zu dieser immer noch schönen Person. Sie brachte einen Trinkspruch auf die zukünftige Schwiegertochter aus. Was sie sagte, basierte auf folgendem Ereignis:

Ich war vierzehn, als ich eines Abends am Familientisch mein großes Geheimnis preisgab. Zwischen der älteren, nicht immer netten Stiefschwester Monika auf der einen Seite und dem nicht immer friedfertigen jüngeren Bruder Helmuth auf der anderen befand ich mich in einer Sandwichposition. Wieder einmal ärgerten mich meine Geschwister auf so gemeine Art und Weise, dass ich mit dem Pickel übersäten Gesicht wutentbrannt mein vermeintliches Trumpfass auf den Tisch schleuderte und ausrief:

„Lacht nur, ich habe heute das Mädchen kennengelernt, das ich einmal heiraten werde."

Ich war vierzehn Jahre alt und einen derartigen, fast ein wenig irren Spruch hatte niemand von mir erwartet. Ich? Ja, auch ich nicht von mir selbst. Da musste ein Kontrollmechanismus versagt haben. Ein krankheitsbedingt spätentwickeltes, schmächtiges und darüber hinaus in der Quarta gerade sitzengebliebenes Bübchen, das ausgerechnet vom Heiraten schwadronierte. Entsprechend riesig fiel das Gejohle und Gelächter bei Tisch aus. Kinder aus drei Ehen können das gut.

Mutter Gisela sprach Charlotte an diesem Verlobungsabend ganz persönlich an, hob ihr Sektglas, berichtete dann, was vorgefallen war. Oskar habe sie damals, 1954, nach meinem unerwarteten Bekenntnis im Schlafzimmer befragt:

„Gisela, die Sache mit Dieter hast du doch im Griff?"

Sie bejahte an jenem Abend beschwichtigend. Am nächsten Tag ging sie, da sie eine gewisse Ernsthaftigkeit ihres Sohnes gespürt hatte, in den Tennisclub, setzte sich auf einen bequemen Stuhl mit Armlehnen und beobachtete Charlotte bei Kaffee und Zigaretten. Die junge Dame spielte mit anderen jungen Leuten Tennis.

Es war Vorfrühling an der Mosel und die Temperaturen bewegten sich bereits um die zwanzig Grad Celsius. Gute Laune und eine erwartungsvolle Stimmung lagen in der frischen, aromatischen Luft. In einem rauchfreien Moment, so etwas kam gelegentlich vor, pumpte sie die vollwürzige Frühlingsluft in die Lungen. Das tat ihr sichtlich gut. Meine Mutter blickte angespannt, dann in zunehmendem Maße zufrieden überrascht auf dieses Geschöpf. Ihr Sohn, so dachte sie, verfügt offensichtlich bereits in jungen Jahren über einen sicheren Geschmack. Mit seiner Wahl wäre sie – auf den ersten Blick jedenfalls – voll und ganz einverstanden gewesen. Oskar hätte ihre Einschätzung nicht wissen dürfen:

„Seid ihr denn alle verrückt geworden", das wäre die Reaktion des Familien-Patriarchen gewesen. So sehr er Gisela liebte, in diesem Fall hätte er mehr als grantig werden können. Für solche Träumereien hatte der Realist nichts übrig.

Gisela überlegte, während sie Charlotte weiter aufmerksam unter die Lupe nahm und mit den anderen jungen Leuten verglich. Sie war ein Fräulein, das aus dem Rahmen fiel. Das begriff die Mutter sofort. Sie meldete leicht triumphierend:

„Wenn wir mal so eine als Schwiegertochter bekommen, können wir glücklich sein."

Oskar hörte nicht genau hin oder grummelte nur „Frauengeschwätz."

Kopfschüttelnd zog er die geblümte Bettdecke über.

Es war 1959, meine Angebetete war noch keine neunzehn. Das eher zufällige Zusammentreffen mit der Großmutter fand in der großen Diele der Westallee statt. Charlotte trug einen weißen, plissierten Rock, eine blauweiß gestreifte Bluse und einen leichten, bläulichen Blazer. Sie sah gut aus, als sie leise, aus einem Nebeneingang kommend, die Diele betrat. Sie wollte mit mir und der Clique in die Casino Gesellschaft tanzen gehen. In jene, die Oskar so lange die geschlossene Tür gezeigt hatte. Nachdem sie sich gegenseitig bekannt gemacht hatten, verlief die Begegnung derart angeregt, dass Oma Söffchen später einen günstigen Moment nutzte, um mir zwanzig Mark für den Abend zuzustecken und mir dabei verschwörerisch zuzuraunen:

„Lass dir diese junge Frau bloß nicht entwischen, sie ist etwas Besonderes!"

1961 – Studienbeginn in Köln

Am Anfang stand ein unverhofftes Treffen mit zwei Studenten, namens Günter und Hilmar. Sie kamen ebenfalls aus der Heimatstadt Trier, wo wir uns jedoch nie begegnet waren. Man kannte sich lediglich vom Namen. Aber jetzt, vor der Kölner Uni, lernten wir uns zufällig beim Parkplatzsuchen kennen.

Wir, die drei Jungs aus Trier, taten uns in den nächsten Tagen zu einer WG zusammen. Es sollte eine bewegte, fruchtbare und andauernde Partnerschaft werden. Zu dieser Zeit lebten wir noch wie normale Studenten von einem monatlichen Wechsel von vierhundertfünfzig Mark. Hilmar, der ein uralter Freund von Günter war, hatte eine Ausbildung als Kraftfahrzeug-Mechaniker absolviert. Das sollte hilfreich werden. Denn er entwickelte die Idee, man könnte ein paar alte Autos kaufen, waschen und polieren, um sie später mit Gewinn wieder zu verkaufen.

Vom Lastwagen herunter kauften wir eilig am späten Freitagabend in der Breiten Straße beim Dumont-Verlag den *Kölner Stadt-Anzeiger*. Es war die Samstagsausgabe, die Ausgabe des nächsten Tages. Wir durchstöberten schnell bei drei Kölsch die Rubrik *PKW-Verkäufe*. Ein VW-Käfer für vierhundert Mark, sechs Jahre alt mit hunderttausend Kilometer Fahrleistung, fiel uns auf. In Bergisch Gladbach holten wir die armen Menschen, es waren wohl Rentner, kurz vor Mitternacht aus dem Bett. Sie meinten, die Anzeige erscheine doch erst morgen. Wir überhörten das und folgten ihnen in die Scheune, besahen das Fahrzeug zwischen Heu und Stroh, kauften *wie besehen*, bezahlten und nahmen es mit.

Mit viel Fleiß reinigten, wuschen, staubsaugten, wachsten und polierten wir den Wagen am nächsten Tag, um ihn am darauffolgenden Wochenende für zwölfhundert Mark zu inserieren und sofort zu verkaufen. Ja, manchmal parkten vor unserer Wohnung vier fein hergerichtete Fahrzeuge gleichzeitig, die einen Käufer suchten und auch fanden. Oskar hätte seinen Sohn ungern in der Rolle eines Autohändlers gesehen. Nicht standesgemäß.

Wir drei, Günter, Hilmar und ich hatten mit viel Glück eine unmöblierte Drei-Zimmer-Wohnung nahe der Universität ergattert. So etwas gelang selten. Die Vermieter gaben ihre Wohnungen Anfang der Sechzigerjahre nicht gerne an Studenten ab.

Ich genoss dieses unbekannte Gefühl von Freiheit. Zum ersten Mal, nachdem ich von zu Hause ausgezogen war, stand ich auf eigenen Füßen. Ja, den monatlichen Wechsel der Eltern nahm ich weiterhin gerne an. Wirklich notwendig wäre er allerdings nicht mehr gewesen.

1961 – Die Unternehmerzeit

Disko Nr.1: Tiefer Winter schlich durch das Rheinland. Zehn Grad unter null, das kam selten vor. Wir Jungs brauchten etwas Wärme und gingen eines Abends in den Kinetopp-Saloon, der mitten im dicksten Studentenviertel gelegen war. Er lag dort, wo die Zülpicher Straße auf den Ring stößt. Der Saloon war zweifellos die führende Studentenkneipe in Köln. Daneben befand sich das Studentenkino, die Lupe.

Wieder einmal war das Lokal brechend voll: Unter ihnen hübsche Mädels und der bekannte Wirt namens Gandhi. Er war eine legendäre Figur im Uni-Milieu und dazu gab es herrliche Jazzmusik von der Schallplatte. Madeleine, seine rassigschöne Ehefrau, kannten alle Studenten. Sie führte in der Nähe ein zweites Lokal: Omas Schnapshaus. Und zwar ebenfalls mit Erfolg. Ab und zu sah man sie im Saloon. Sie war nicht zu übersehen.

Das Geschäft brummte. Die Stimmung der Gäste war famos, die Musik ausgewählt gut und das Publikum ein wenig intellektuell. Es dauerte nicht lange und wir drei von der Jülicher Straße versuchten herauszufinden, wie viel Scheine Gandhi im Monat wohl machen würde. Das Lokal verfügte lediglich über fünfzig Plätze. Das Kölsch kostete eine Mark, war damit doppelt so teuer wie in der normalen Kneipe. Er machte wohl, schätzten wir, einen Gewinn von 10 000 Mark netto pro Monat.

Es gab nun kaum noch einen Abend, an dem wir dieses Lokal nicht besuchten. Die Mädels sahen anziehend aus. Irgendwann meinte Günter ganz trocken mit gesenkter Stimme:

„Lasst uns auch so eine Pinte aufmachen!"

Dann verteilten wir die Aufgaben: Er würde mit den Behörden reden und einen Bierlieferanten suchen, der zusätzlich auch als Ratgeber fungieren sollte. Außerdem versprach er, erste Gespräche mit dem Finanzamt und dem Arbeitsamt führen zu wollen.

Hilmar möge bitte mit verschiedenen Banken die Möglichkeiten einer Finanzierung prüfen und Verbindungen zu wichtigen Handwerkern knüpfen. Ich übernahm die Aufgabe, ein Lokal zu finden und an der Uni die Marktlage für die erste Disko in Westdeutschland zu erkunden. Und ich sollte mir Gedanken über das Logo machen und das passende Personal finden.

Die erste Diskothek Deutschlands stand in Berlin, der Eden Saloon. Es war ein Tanzlokal ohne Live-Kapelle. Die Musik kam von kleinen, runden, schwarzen Kunststoffscheiben, gemischt serviert und moderiert von einem Diskjockey. In Köln hieß in jener Zeit die beliebteste Studentenkneipe mit Live-Musik zum Tanzen: Café de Paris. Die Kapelle koste, alle Sozialabgaben eingeschlossen, 8 000 Mark im Monat, hörten wir. Aus Kostengründen kam dieses Geschäftsmodell nicht zum Zug.

Wir nahmen die Disko Nr. 1 in Angriff. In der Roonstraße, unmittelbar in der Nähe des Kinetopp-Saloons, lag das passende Lokal mit einer Kapazität für 300 Gäste. Na ja, am Wochenende passten auch 50 mehr rein. Das Mietniveau war erfreulich niedrig.

Nach eingehender Besichtigung und dem Abwägen der Vor- und Nachteile lautete das mit Spannung erwartete Urteil des Bierlieferanten Tschirchnitz aus Ehrenfeld: Alles prima! Mein Freund Mendgen hatte die Verbindung zu ihm hergestellt. Auch im eigenen Interesse. Denn mehrere zigtausend Hektoliter Gerstensaft sollten durch die Leitungen der Disko fließen. Rückblickend meinten wir drei Freunde:

„Wir sind eigentlich ohne Vorbehalte in dieses Abenteuer gegangen. An das Risiko, Konkurs zu gehen, hat nie einer gedacht."

Denn es herrschte Anfang der 60er Jahre aufgrund der wirtschaftlichen Erfolge der sozialen Marktwirtschaft ein nie gekannter Optimismus. Alles schien möglich. In diesem Umfeld, mit 40 000 Studenten als potentiellen Kunden, konnte nichts schief gehen. Dachten wir. Und wir waren ja zu dritt.

Zwischenzeitlich unternahm ich an der Uni so etwas wie Marktforschung. Die Recherchen in der Mensa zwischen Hähnchen mit Fritten und Fischstäbchen mit Fritten ergaben zusam-

mengefasst: Die Studenten beurteilten unser Vorhaben positiv. Denn so etwas wie eine Diskothek, das gab es in Köln noch
nicht. Auch zwischen den Hörsälen spürte ich in vielen Gesprächen Zustimmung: Ja, zu aktueller Musik von der Schallplatte zu tanzen und das Kölsch für nur eine Mark trinken zu können, das würde gefallen. Und das auch noch in einer lässigen,
gemütlichen Atmosphäre. Die Studenten bestätigten fast ohne
Ausnahme, eine solche Diskothek würden sie gerne besuchen.

Wir konnten nun von unserem Entschluss, unter die Knei-
piers zu gehen, nicht mehr abgebracht werden. Doch wie sollte
die Disko heißen? Für diese Entscheidung zogen wir uns in das
Zimmer von Günter zurück. Mit Mettbrötchen und viel Kölsch.
Schön gekühlt. Das Bierstorming brachte nach stundenlangem
Hin und Her und hitzigen Debatten ein wunderbares Resultat:
Lord's Inn. Dieser Name strahlte etwas Unverwechselbares aus.
Und wir waren mächtig stolz darauf. Die Inneneinrichtung sollte
auch einzigartig werden. Aus zahlreichen Gesprächen kannten
wir die Wünsche der Studenten. Gemütlich und unkompliziert
sollte das Lokal sein; etwas, was man sonst nicht so oft antraf.

1961/1962 – Arbeit im Lord's Inn

Die Behörden zeigten unserem Günter drei grüne Karten. Die erforderlichen polizeilichen Führungszeugnisse waren die saubersten, die seit Langem in Köln ausgestellt worden waren. So ging das Gerücht auf den Ämtern der Stadt. Unser kaufmännischer Leumund war unbefleckt. Schankerlaubnissteuer, Lohnsteuer und Lohnsummensteuer, Umsatzsteuer und Einkommensteuer, Sozialabgaben, Gewerbe-, Getränkesowie Vergnügungssteuer, GEMA-Gebühren, Sektsteuer – all das addierte sich zusammen auf dreizehn unterschiedliche Abgaben und Steuern, die wir zu entrichten hatten. Und was in dieser Branche das Finanzamt und das Ordnungsamt offensichtlich überraschte: Wir zahlten alle Steuern pünktlich und umfassend; sie bremsten jedoch unsere Abenteuerlust in keiner Weise. Wir fanden, das sei alles nur eine Frage der Organisation – und der Kalkulation.

Nach dem technischen Rat des Bierlieferanten richteten wir das Lokal ein. Der lange Biertresen 15 000 Mark und die Diskothek 5 000 und 10 000 waren zusätzlich für die WC-Anlage erforderlich. Die gesamten Investitionen lagen bei fast 65 000 Mark. Über 15 000 Mark verfügten wir als Eigenkapital. So viel Bares hatte normalerweise nicht jeder Student einfach so auf dem Sparbuch liegen. Das Geld kam aus der Privatisierung des Volkswagenwerkes! An ihr hatten wir teilgenommen und Geld verdient. Das Ziel der Bundesregierung lautete Anfang der Sechzigerjahre: Breite Vermögensstreuung der staatlichen VW-Anteile durch Ausgabe von Volksaktien. Nach Abzug aller Kosten blieben für jeden von uns 5 000 Mark übrig. Und das als Gewinn von einem Geld, das wir nicht gehabt hatten. Den Rest wollten wir von der Bank.

Hilmar zeigte sich in Sachen Finanzen in seinem Element. Deutsche Bank, Dresdner Bank und die Commerzbank signalisierten schnell, Kredite geben zu wollen, wenn die Eltern bürgen würden. Damit beendete er die Gespräche. Denn das war nicht das, was wir beabsichtigten. Da konnten die drei eigensinnig sein. Hilmar fand zwischenzeitlich heraus, dass die Gewerkschaftsbank BfG (Bank für Gemeinwirtschaft) sogenannte Pionierkredite vergab, für junge Investoren, die über ein gutes Konzept, aber über keine Sicherheiten verfügten. Für die BfG war die Geschäftsidee die Sicherheit. Hilmar vereinbarte einen Termin.

Um die Banker zu überzeugen, bereiteten wir sorgfältig eine Präsentation vor. Sie musste professionell sein. Es ging um Daten wie Umsatz, Wareneinsatz, Kosten, geschätzte Wertschöpfung oder Marge, Steuern und zum Schluss folgten der Gewinnbeitrag jeder Warengruppe und der gesamte Nettoertrag. Dann ging es am nächsten Tag geschwind die fünf Treppen hinunter und mit einem Großraumtaxi zur Bank. Um neun Uhr morgens sollten wir dort sein. Die BfG residierte dort, wo Köln seit Jahrhunderten am dichtesten besiedelt ist: am Dom. Frisch gewaschen hatten wir auch die Haare. Ordentlich angekleidet schauten wir ganz gepflegt aus. Mit Krawatte natürlich, dem Anlass entsprechend. Aber ohne Einstecktuch! Das war nicht unser Stil. Der Pförtner staunte nicht schlecht, als er sah, wie wir drei mit dem großen Flip-Chart angestürmt kamen.

Der Raum war angenehm klimatisiert. Die, wenn auch dezente, Musikbeschallung wirkte unpassend. Getränkekannen und Gläser standen akkurat geputzt auf dem langen Konferenztisch. Zeit, den Flip-Chart aufzustellen, sich etwa zu setzen und sich mit der fremden Umgebung vertraut zu machen, ließ man uns nicht. Denn ohne Verzug stürmten drei leibhaftige Bankprokuristen das Zimmer. Es war Punkt neun. Die Entscheidung für ein Taxi war definitiv richtig gewesen.

Die Banker zeigten sich beeindruckt, ihre Gesichter nahmen fast väterliche Züge an. Positiv vermerkten sie, dass in der Gewinn- und Verlustrechnung auch unsere Geschäftsführer-Gehälter als Kosten aufgeführt waren. So stimmten sie dem Kreditantrag mit anerkennenden Blicken zu und unterstrichen dies mit leicht nach vorne wippenden Oberkörpern. Es ging ja nur um 50 000 Mark für 3 Jungunternehmer aus sogenannten guten Familien. Als wir den Raum schon fast freudig gestimmt verlassen wollten, kaum dreißig Minuten waren vergangen, wurden wir noch einmal zurückgehalten. Zwischen Tür und Angel nach der Tilgung befragt, meinten wir dann aber keck:

„Rückzahlung in den nächsten zwei Jahren, und zwar freibleibend, also jederzeit."

Daraufhin wurde es etwas stiller im Raum. Jeder nahm stehend noch einen Schluck Wasser. Den gab es umsonst. Die Banker sahen sich mit leicht erstaunt wirkenden hochgezogenen Augenbrauen fragend an. Dann sagten sie endgültig zu, das Risiko schien ihnen gering.

Ihr Gespür sollte sie nicht trügen, denn nach fünf Monaten zahlten wir die geliehene Summe auf einen Schlag in bar zurück. Die Banker wurden daraufhin anhänglich, bereit für neue Geschäfte. Und die ließen auch nicht lange auf sich warten.

Kneipenwirt, das hört sich romantisch an, ist jedoch ein knochenharter Job. Der Arbeitstag begann gegen drei Uhr mittags – eine Uhrzeit, zu der manche Studenten gerade dem Bett entstiegen. Es fing an mit der Bierannahme, dann folgte die Lieferung von Cola, Wasser, Sprite und der alkoholischen Getränke. Frische Tücher kamen aus der Reinigung, Garderoben-Marken und Stecknadeln, um die Marken zu befestigen, fehlten. Die Zigarettenautomaten wurden neu bestückt, Putzfrauen eingelassen und bezahlt, Zitronen gekauft und geschnitten, wenn nötig Eis nachbestellt. Gab es ausreichend Whisky im Fass? Waren die Toiletten in gutem Zustand und die Klimaanlage funktionierte noch? Reichten die Kerzen und Streichhölzer?

Auch Zwiebeln, Rindfleisch und Geschmacksverstärker mussten besorgt werden. Sie bildeten die Grundlage für die Gulaschsuppe, die wir jeden Abend neu ansetzten und die sich einen wirklich guten Ruf erwerben sollte. Viele Gastronomen machten den Fehler, mit billigen Grundsubstanzen zu arbeiten. Fachleute rieten, nur allerbestes Fleisch aus der Oberschale, ohne Fett oder Sehnen, zu verwenden. Die Stücke waren quadratisch, saftig, gut. Mit der schmackhaften Suppe wollten wir dem Lokal einen besonderen Stempel aufdrücken. Als Zeichen dafür, in welch hohem Maße man sich dem Gast verpflichtet fühlte. Mancher Student kam ausschließlich der gut gewürzten Suppe wegen, die so viel Fleisch enthielt. Und nur 2,50 Mark kostete. Die Suppe diente dem Image, nicht dem Gewinn.

Plötzliche Personalausfälle störten immer mal wieder den Betriebsablauf; der Belegungsplan für die nächsten Tage musste deshalb neu organisiert werden. Wenn wieder einmal eine Grippewelle durch Köln fegte, gab es kein Pardon. Dann war für die Gründer wieder Fronteinsatz angesagt. Das Studium hatte zu warten.

Es gab stets viel zu tun: Die Bierleitung brauchte eine Reinigung und nicht zu vergessen, es sollten immer die neuesten Hits für den Diskjockey eingekauft werden. Ohne aktuelle Hits stirbt jede Diskothek. Das erklärt sich von selbst. Hilmar war manchmal so erfolgreich im Besorgen der kleinen Plastikscheiben, dass wir bereits Tage vor den Rundfunkanstalten die Top-Hits des Monats spielen konnten. Er wusste um die entsprechenden Wege. In London und Amsterdam kannte er Quellen.

Wenn das Lokal um sieben Uhr abends öffnete, lagen bereits vier Stunden harte Arbeit hinter dem Geschäftsführer des Tages. So gegen Punkt zwei Uhr nachts endete die Schicht. Man bezahlte die Kellner, verstaute das viele Geld im Safe und ging allen Versuchungen von hübschen Studentinnen, die noch spät in der Nacht einen der berühmten Disko-Jungs vernaschen wollten, aus dem Weg. Dann fiel man ins Bett und wusste, in zwölf Stunden geht es wieder los, sieben Tage die Woche. Dafür stimmten die Kasse und der Gewinn. Alles andere wäre kaum zu ertragen gewesen. Jeden fünften Tag gab es in Günters Zimmer eine Dividendenausschüttung. Aktiengesellschaften machen das nur einmal im Jahr.

Die Inneneinrichtung sollte von rohem Holz leben, großen, grobkörnigen Fotos, flauschigen Schottenstoffen und viel Kerzenschein. Das gab den Trend Anfang der sechziger Jahre wieder, spiegelte das Lebensgefühl einer kuschelig, sich neu ord-

nenden Gesellschaft wider. Gemütlich breite Sitzecken und
große Schwarzweiß-Fotos mit Motiven aus dem schottischen
Hochland rundeten das Gesamtbild ab. Raffiniertausgeklügel-
te Leuchtsysteme und eine Unzahl rotgelber Kerzen schufen
eine einzigartige Atmosphäre. Hier fühlte man sich wohl. Die
Tanzfläche maß vier mal vier Meter. Vor der eigentlichen Diskothek, die eine komplizierte Unterhaltungstechnik verbarg,
würde man zur Musik eines Diskjockeys tanzen, der musste
aber noch gefunden werden.

Die Aufgabenverteilung sah zuallererst vor, dass ich nach einem unverwechselbaren Logo suchen sollte. Das war nicht einfach: Lord's Inn, die Kneipe der Lords, na gut. Aber wie sollte
das Logo, quasi das Symbol der Diskothek aussehen? Wir wollten eine eigenständige Marke mit hohem Wiedererkennungs-
wert. Wo sollte ich nach Anregungen suchen? Die Überlegungen
wanderten zuerst hin zur Englischen Botschaft um die Ecke in
der Bundeshauptstadt Bonn, dann dachte ich an das Seminar
für Anglistik an der Universität zu Köln. Schlussendlich fiel die
Wahl auf die British Library in Köln – eine wohl ausgestatte-
te und angesehene Institution der englischen Regierung, dem
deutschen Goethe-Institut vergleichbar.

Bei strahlendem Wetter mit kaltem, leicht böigem Ostwind
führte der Weg vom Rudolfplatz zum Neumarkt. Ich atmete tief
ein und schritt schnell voran. Glück ist eine Frage der Einstellung, und ich befand, dies war ein guter Tag. Die aparte Dame
aus Indien am Empfangstresen dirigierte mich in die Richtung,
in der ich suchen musste. Was nur der kleine rote Punkt mitten
auf ihrer Stirn bedeutete?

Ich stöberte in den gewaltigen Regalen der Bibliothek und
fand nach einigen Stunden ein Buch über die britische Gesellschaft. Ja, es war genau das, wonach ich gesucht hatte. Lange
schaute ich auf diese hübsche Zeichnung: Ein Lord, der leicht
federnd daherkam und seinen noblen Stand trefflich repräsen-
tierte. Sein Schritt griff weit nach vorne – mit dem Bowler in
der Hand grüßend. Und mit Pfeife und Schnurrbart. Eine ausgesucht schöne Darstellung, die einer bekannten Whisky-Wer-

bung ähnelte. Das war die Zeichnung, die ich als Vorlage für das Logo wollte.

Das Buch lieh ich für zwei Tage aus. Wir zogen eine Kopie für einen Fachmann für Leuchtwerbung. Bei der Rückgabe des Buches hatte die elegante Inderin wohl ihren freien Tag. Schade!

Mit mehreren Kölsch begossen wir drei Freunde unseren Lord, der weithin sichtbar über dem Eingang strahlte und leuchtete und funkelte. Und wie kräftig er ausschritt. Der Lord vom Lord's Inn, drei Meter hoch und perfekt von innen angeleuchtet, brachte die erwünschte Wirkung. Schwarz die Figur auf weißmattem Grund. Jeder der zwölf Kellner, die an der Warenausgabe auf die Getränke für die Gäste warteten, sah gleichfalls aus wie ein kleiner Lord. Sie trugen stolz ihren Bowler, ein weißes Hemd mit schwarzer Fliege und eine schottisch karierte Weste. Es handelte sich um ausgesucht adrette Jungs.

Die sechs Meter lange Theke, das Herz des Gastrobetriebs, beherrschten sechs Bierhähne, die nie stillstanden. Hinter der Theke regierte der jeweilige Chef, der gerade Dienst hatte: zusammen mit drei besonders ansehnlichen Studentinnen links und drei ausnehmend hübschen Studentinnen rechts. Sie hatten ein kurzes Casting absolvieren müssen, bevor sie für den Job ausgewählt wurden. Ich wehrte zu erwartende Vorwürfe wegen Diskriminierung ab:

„Ja, ich weiß, die Welt ist ungerecht!"

In Westdeutschland kannte man den Beruf des Diskjockeys noch nicht. Nach wochenlangem Suchen fand ich schließlich

Klaus, den späteren Charles. Der Traum so mancher Studentin, die als Gast im Lord's Inn weilte. Charles, das war der mit dem Schnurrbart. Eines Abends um sechs Uhr stand ich bei einem fürchterlichen Regen vor dem gesuchten Haus. Im Flur roch es nach Kohl. Klaus saß in seiner bescheidenen Studentenbude. Sie passte zu dem Flurgeruch.

„Klaus, hättest Du Lust auf einen solchen Job", begann ich vorsichtig, nachdem ich ausführlich das Lokal und die künftigen Gäste geschildert hatte. Ich schmeichelte mich bei ihm ein.

„Arbeiten brauchst Du nur an den drei wichtigsten, den umsatzstarken Tagen, am Freitag bis Sonntag. Jeden Abend kannst Du 25 Mark verdienen und drei Freibiere trinken."

Er war skeptisch.

„Ja, schon, ich habe einmal eine Rede zu Sylvester gehalten. Normalerweise bin ich jedoch sehr nervös, wenn ich vor Publikum reden muss."

Na, das konnte ja heiter werden. Nach einigem Zögern und Zaudern ließ er sich dann doch zu einer Sprechprobe überreden, die in der nächsten Woche stattfinden sollte.

„Da sind wir unter uns und dann können wir alles in Ruhe besprechen und ausprobieren", umgarnte ich ihn wie eine Krankenschwester. Um sicher zu gehen, dass er zu dem verabredeten Termin auch erscheinen würde, holte ich ihn der Einfachheit halber von seiner Bude ab und lotste ihn direkt ins Lord's Inn. Entkommen sollte er uns nicht, denn er würde Erfolg haben. Das spürte ich.

Tage später betraten wir den Diskoraum. Schützend hielt er die Hände vor die Augen, das grelle Arbeitslicht war er nicht gewöhnt. Seine Statur wirkte leicht gedrungen und er kam ein wenig schlurfend daher. Aber sein pechschwarzes Haar, sein großer ebenso pechschwarzer Schnurrbart und seine strahlend pechschwarzen Augen machten all das wett. Er verfügte über ein gewisses Charisma und sah attraktiv aus. Hier blitzte ein unentdecktes Talent auf. Von diesem Moment an hieß er Charles.

Die leicht genuschelte Sprechweise gepaart mit einer etwas angerauten Stimme ähnelte der von Georges Brassens. Seine

Befangenheit wirkte echt und machte ihn interessant. Charles stand eine großzügig bemessene Diskothek mit Mischpult, Mikrophon und zwei Plattentellern zur Arbeit zur Verfügung. Er begann also als Entertainer im Lord's Inn. Meine Kumpel und ich bemerkten, wie die Mädels ihn anhimmelten; wir hatten den richtigen Griff getan. Den Alkoholkonsum stellten wir unter strenge Kontrolle, denn da hatte er eine Schwäche. Und er rauchte wie ein Mississippi-Dampfer: Camel ohne Filter.

Trotz seines Erfolgs sollte Charles sein Studium nicht vernachlässigen. Das war vor allem mein Wunsch, verständlich. Seine Erfolgssträhne war jedoch zu gewaltig. Charles wurde mehr und mehr zu *der* Attraktion für die Studentinnen. Am Wochenende warteten furchtbar viele Gäste vor der Tür. Und wollten rein ins Vergnügen, zu ihm. Zeitweise mussten wir schließen, wegen Überfüllung. Charles moderierte an fünf Abenden in der Woche für 60 Mark pro Auftritt. Dann engagierte ihn überraschend der WDR. Damit verabschiedete er sich von einem Abschluss als Diplom-Kaufmann und dem Lord's Inn. Später ging er völlig unter, hörten wir. Mir war nicht wohl dabei.

1962 – Die Disko Nr. 2

Die Kölner Szene kannte uns drei mittlerweile. Das wurde spätestens klar, als eines Abends ein Mann Einlass im Lord's Inn begehrte, dessen Gesicht eine lang gezogene, gut verheilte Risswunde, zierte. Unsere Kellner verweigerten ihm mit Nachdruck den Zutritt unter dem Hinweis, erst in einer halben Stunde werde geöffnet. Daraufhin verlangte der Mann in scharfem Ton nach dem *Geschlechtsführer*. Dieser *Herr* duldete keinen Widerspruch! Das schien er nicht gewohnt zu sein. Vater Oskar hätte diese Szene nicht erleben dürfen!

Denn an jenem Abend machte ich den Geschäftsführer, ließ mich jedoch nicht einschüchtern. Als ich auf die Eingangstür zuging, kam mir das Gesicht des Mannes, der sich in Begleitung von drei attraktiven Straßenkatzen befand, bekannt vor. Hatte ich diese vierschrötige Visage nicht schon einmal in der Zeitung gesehen? War das nicht der Zwillingsbruder vom Dummsen Tünn, der wegen Mordes im Knast saß?

Es gab den Kölschen Tünn und den Dummsen Tünn. Das hier musste der Kölsche Tünn sein. Mein Gefühl sagte mir, lass die *feinen* Leute herein, um Ärger zu vermeiden. An der Theke angelangt, fragte ich liebenswürdig, was die Herrschaften gerne trinken würden. Der *Herr* bestellte drei Whisky Sour und einen französischen Cognac. Ich tat erstaunt, beugte mich leicht vor und rief hintersinnig:

„Prima, das ist endlich mal ein guter Umsatz. Sie müssen wissen, hier wird sonst nur Kölsch und Cola verkauft. Die Studenten haben wenig Geld; was anderes können sie sich nicht leisten."

Ich wartete auf die Wirkung meiner Worte. Die *feinen* Gäste schauten dann doch sehr überrascht. Schnell setzte ich noch einen drauf und fügte, um den Spannungsaufbau nicht abbrechen zu lassen, hinzu:

„Wissen Sie, mein Herr, Sie und Ihre Begleitung haben für dieses Lokal einfach zu viel Klasse."

Der Kölsche Tünn dachte einen Moment nach, setzte für eine Sekunde ein Gesicht auf, das sich fragte, ob er vielleicht verschaukelt werde, dann aber schlug er sich auf die Schenkel, machte vor den drei Mädels den Dicken Maxe, und schrie vor Begeisterung:

„Ja, das hier ist nix für uns!"

Diese wunderbare Einsicht führte dazu, die Gesellschaft spontan zu den Drinks einzuladen und nicht zu kassieren. Man kennt sich, man respektiert sich, man hilft sich! Palermo lässt grüßen.

Als der Besuch das Lokal verlassen hatte, schnaufte ich erleichtert durch. Die Probe war bestanden. Wir waren noch einmal ohne blaues Auge oder gebrochenem Kiefer davongekommen. Und auch das Mobiliar stand weiter unbeschädigt an seinem gewohnten Platz.

An irgendeinem schönen Frühlingstag fuhren wir drei Jungs gut gelaunt in die Stadt. Unser altes Cabrio steuerte zielgerichtet eine besondere Adresse an. Wir hatten das Dach geöffnet und waren trotzdem konzentriert, denn wir planten die Disko-Kneipe Nr. 2: Das Black Bottom.

Die Stadt Köln hatte im Altstadtviertel eine durch Tod freigewordene Lokalität zu vergeben. Man suchte einen seriösen Pächter. Ja, wir hatten uns einen guten Ruf erworben. Die geforderten Steuer- und Sozialabgaben führten die Jung-Kneipiers stets umfassend und rechtzeitig ab. Auch mehrere unangemeldete Hygienekontrollen überstanden wir ohne Blessuren. Das fiel auf. So flatterte eines Tages das Angebot der Stadtverwaltung ins Haus, dieses Kellerlokal mit Nachtkonzession zu pachten. Nachtkonzession – das war für uns erneut etwas völlig Neues. Geöffnet bis morgens fünf Uhr, das veränderte unseren Arbeitstag bzw. Arbeitsnacht grundlegend. Mit massiven Attacken aus dem Rotlichtmilieu musste jederzeit gerechnet werden.

Deshalb engagierten wir einen Türsteher aus der Szene zum Schutz. Willy, ein muskelbepackter Hamburger, geschmückt mit vielen schönen Bildern auf den Armen, übernahm den Job. Das

Lokal bot Platz für 150 Gäste. Diese Disko sollte ins Premium-Segment. Das bedeutete, nicht Kölsch würde der zukünftige Umsatzträger sein. Sondern Rum-Cola, Gin-Fizz, Bloody-Mary. Die Lokalität im Zentrum Kölns führte bereits den Namen Black Bottom, der sollte unverändert bleiben. Den hohen Bekanntheitsgrad wollten wir nicht verschenken. Tanzen auf dem *Schwarzen Boden* bis morgens um fünf Uhr, das hatte etwas.

Offen war nur noch die Finanzierung. Es ging wieder um viel Geld. Abermals verhandelten wir wegen eines Kredits. Hilmar arrangierte das. Deutsche Bank, Dresdner Bank, Commerzbank, sie alle drängelten, um Kredite in jeder Höhe und diesmal ohne Bürgschaft der Eltern vergeben zu dürfen. Wie hatten sich die Zeiten geändert! Doch für uns war es selbstverständlich, der BfG die Treue zu halten, obwohl wir als Unternehmer zu einer Gewerkschaftsbank, wie der BfG, wenig Affinität verspürten. Die Gespräche verliefen normal und fanden schnell ein gutes Ende. 120 000 Mark brauchten wir nach dem Business-Plan. Über 30 000 Mark Eigenkapital verfügten wir; der Kredit sollte wiederum freibleibend in den nächsten zwei Jahren getilgt werden. Erneut schauten die Banker mit nach vorne wippenden Oberkörpern und großer Anspannung auf uns drei Studenten, diesmal weniger überrascht als zuversichtlich. Nach sieben Monaten zahlten wir den geschuldeten Betrag erneut auf einmal zurück. Die Banker hörten auf, väterlich zu schauen.

Das Black Bottom unterschied sich in fast allen Dingen vom Lord's Inn: teurer ausgestattet, besser klimatisiert und versehen mit einem aufwendigen, großen Nasszellenbereich. Und jetzt agierte ausgebildetes Profi-Personal hinter der Bar.

Wer über die Kellerstufen in etwas gebückter Haltung nach unten stieg, landete an der Bar, die bequem zwanzig Gästen Platz bot. Dahinter betrat man als Besucher die eigentliche Diskothek mit dezent ausgeleuchteter Tanzfläche; sie befand sich im Herzstück der Disko, eben auf dem Schwarzen Boden. Weiter hinten schloss sich ein Gästeraum an, den wir Racing-Saloon nannten. Spannende Formel-Eins-Fotos in großen Formaten schmückten die Wände. Im Reportage-Stil aufgenommen, verwischten die Szenen bewusst die Realität. Ihre Größe, die grobe Körnung und die Schwarz-Weiß-Kontraste lösten die Faszination von Geschwindigkeit aus. Die Nischen erinnerten an das Innere englischer Rennwagen, die mit rot genopptem Leder bezogen waren. Sie rochen auch so. Die Musik mixte wieder ein Diskjockey.

Zur Überraschung entpuppte sich die Bar im Entree als Fliegenfänger für all diejenigen Gäste, die unentschlossen waren, die sich fragten, „sollen wir bleiben? Oder gehen wir jetzt und kommen später wieder?"

Um diese Situation zu verhindern, wurde die Bardame Emmely engagiert. Sie dominierte den Bar-Raum nicht nur durch ein großzügiges Dekolletee, nein, sie hätte auch manchen Barmixer in Köln alt aussehen lassen, sie war Profi durch und durch. Ein wenig mollig war sie, was ihr gutstand. Sie war sicher zwölf Jahre älter als wir drei Jungs. Aber auch sie fiel unter die Kategorie *Schutzbefohlene*. Das bedeutete: Finger weg! Durch einen Zufall sollte sie bald in der Kunst des Cocktail-Mixens besonders gefordert werden.

Es geschah an einem normalen Samstag. Es war früh am Abend. Noch zwitscherten die Vögel munter in den Bäumen. Es war eine prachtvolle Allee, die der Straße besonderen Charme verlieh. Viele Passanten, voll beladen mit dicken Einkaufstüten, hasteten vorbei. Kinder durften zum letzten Spiel auf die Straße. Lustvoll hasteten die Autos ungeduldig hupend durch den abendlichen Berufsverkehr. Alles war wie immer. Drinnen im Kellerlokal bereitete man sich auf den erwarteten abendlichen Ansturm vor und viele Kerzen brannten. Wie aus heiterem Himmel saß plötzlich Werner Höfer, TV-Moderator des *Internationalen Frühschoppens* bei Emmely an der Theke. Sie erkannte Höfer nicht, wie sie später gestand. Zur Sendezeit des Presseclubs um elf Uhr im Westdeutschen Rundfunk (WDR) schlief sie normalerweise genüsslich in den sonntäglichen Morgen hinein.

Drei aparte, bundesweit bekannte Fernsehansagerinnen begleiteten ihn. Solche Gäste wirken wie Honig. An der Bar saßen und standen plötzlich nicht zehn, nicht zwanzig, sondern 40 Personen. Man fand kaum Platz, um zu der eigentlichen Disko durchzukommen; brechend voll war der Laden. Die Stimmung leicht überschäumend, rheinisch. Wir stellten Emmely flugs zwei Helferinnen zur Seite, denn dieser Samstag im Vorfeld der sonntäglichen Fernsehsendung entwickelte sich zu einer Institution.

Bald führte ein Geschäftsführer namens Manfred Wildradt beide Lokale. Er sollte sich als Glücksfall erweisen. Denn er entstammte einer alten, soliden Aachener Gastronomiefamilie. Sein Vater fühlte sich noch zu jung für die Rente, zu jung für die Übergabe seiner gut gehenden bürgerlichen Kneipe (Schwerpunkt Kohlroulade und Haxe).

Der Job, der täglich um fünfzehn Uhr begann und erst morgens um sechs Uhr endete, schlauchte selbst einen wie Wildradt. Er war ein Mann, groß wie ein Schrank, der nicht rauchte, nie trank und gut verheiratet war. Dazu erhielt er mit Rücksicht auf seine Gesundheit zehn Wochen Urlaub im Jahr. Und fünftausend Mark netto monatlich. Ein Riesengehalt – aber es war voll verdient.

1962 – Die Würstchenautomaten

Unser Leben normalisierte sich. Wir studierten eifrig, trieben Sport und fanden sogar die Zeit, ins Theater zu gehen. Und wir begannen in unserer eigenen Küche zu experimentieren. Wenn wir uns zu einem großen Abendessen in Günters Chefzimmer einfanden, feierte der Hirtenspieß kulinarische Triumphe: Zwiebeln, Paprika, Schinken, Gurken und Fleischstücke, gut gewürzt, auf den Spieß gedrückt, etwas Öl mit scharfem Paprikapulver darüber und dann ab in den vorgeheizten Grill. Reis, in Olivenöl angebraten, passte gut dazu. Die Mädels wollten nicht nach Hause.

Trotzdem verspürte ich ein wenig freie Zeit und lief einem Automatenverkäufer in die Arme. Es handelte sich um Geräte, die man in Gaststätten auf den Tresen stellte. Viele hungrige Biertrinker versorgten sich gegen den Einwurf von 50 Pfennig mit einer kleinen, würziggeräucherten Mettwurst. Die Stellplätze lieferte der Geräteverkäufer im Paket gleich mit, was ich verlockend fand. Die Kneipen sollten dafür eine Umsatzbeteiligung von zwanzig Prozent erhalten. Auch von diesem neuen Geschäft durfte Oskar selbstverständlich nichts erfahren. Er wäre zu dem Schluss gekommen:

„Er ist eben doch nur ein Wirt, Autohändler und Würstchenvertreter. So etwas passt nicht zu uns, den königlichen Kaufleuten."

Später überließ ich, nicht freiwillig, Hilmar auf seine Bitte hin zwei Automaten für einen fairen Preis. Denn es hatten sich unerwartete Probleme eingeschlichen. Die Verkäufe liefen zwar gut. Aber in einem Lokal wurde ein Apparat einfach gestohlen. Da waren es nur noch vier. Der zweite Würstchenautomat fiel einer Lokalschlacht zum Opfer. Er schlug auf den Boden auf, worauf die Haube aus Plexiglas zerbarst. Der Gerätehersteller hatte zwischenzeitlich Insolvenz angemeldet. Ersatzteile gab es nicht mehr. Da waren es nur noch drei. Zwei nahm schließlich Hilmar und das letzte Gerät kaufte der Wirt vom Eigelstein, dessen Lokal unmittelbar neben dem Dom lag. Seine Kneipe machte Traumumsätze – nicht nur mit den Würstchen.

Wenn ich sonntagmorgens unter wildem Glockengeläute bei diesem Wirt kassierte, Würstchen eilig nachlieferte und die Provision übergab, dann starrten drei Bordsteinschwalben gierig auf die Silberglitzernden Fünfzigpfennigstücken.

„Hatten die Mädels nichts Besseres zu tun, als ausgerechnet in diesem Moment der Geldübergabe anwesend zu sein? Warum gehen die nicht in den Dom beten? Oder beichten?", fragte ich mich übel gelaunt. Denn so war ich gezwungen, eine Runde Schabau, einen Cognac-Verschnitt, zu spendieren. Ich schüttelte mich, konnte mich jedoch beim Mittrinken nicht ausschließen. Es war morgens früh um elf Uhr! Hätte ich mich geweigert, wäre ich als *feiner Pinkel* bei dem Kunden unten durch gewesen. Ein wenig musste man mich mit diesen Leuten gemeinmachen.

Der Wirt wirkte in seiner plumpen Massigkeit abstoßend. Grobschlächtig war er und roch auch nicht gut. Für die fünf Gläser Schabau berechnete er einen Nachtlokalpreis, obwohl die *Damen* nichts Besonderes geboten hatten. Wie gut, dass Hilmar schließlich die letzten beiden Geräte übernommen hatte. Aber er sollte sich einmal böse rächen: Wegen meiner angeblichen Riesengewinne.

Denn eines Tages rief meine Mutter Gisela an. Sie bat, ihren Sohn Dieter zu sprechen. Hilmar meldete sich genüsslich mit: „Hier WüHe."

Sie wollte daraufhin den Telefonhörer auflegen, weil sie dachte, sie sei falsch verbunden. Hilmar klärte sie auf und unterstrich mit hämischem Grinsen:

„Nein, Frau Sommer, Sie sind hier schon genau richtig bei *Würstchen Herz.*"

Nun war auch das raus und ich bat die Mutter inständig, dem Vater auch diese Neuigkeit zu verschweigen.

Wir hatten im fünften Semester alle geforderten Vorexamina bestanden. Trotzdem blieb noch Zeit, Lust und Raum für ein weiteres Lokal – furchtbar!

Nun wollte ich alleine meinen Weg gehen und noch einmal eine eigene Studentendisko gründen, die mir alleine gehörte. Direkt um die Ecke vom Lord's Inn, vom Kinetop-Saloon und dem Studentenkino Lupe war mehr durch Zufall eine passende Lokalität auf dem Kölner Ring frei geworden. Diese Art von *Fühlungsvorteilen* war wichtig:

In diese Studentenkneipe wollte ich meine Erfahrungen, persönlichen Ideen und geträumten Träume einfließen lassen. Die Tenne nannte ich das Lokal, die Disko Nr. 3. Die bäuerliche Inneneinrichtung ähnelte der ersten Kneipe: ländliches Mobiliar mit Stroh, viel Holz und groben Stoffen aus Cord. Erfolgreiche Konzepte muss man nicht ohne Not ändern.

Stets wenn ich mit dem alten Volkswagen von Köln zu meiner Familie quer durch die Eifel nach Trier fuhr, blickte ich hinter Blankenheim mit Interesse auf einen Acker, der einen Heuwagen zu Gast hatte. Irgendjemand hatte ihn wohl vergessen. Er stand wahrscheinlich schon lange Zeit dort, einsam und verlassen. Im Laufe der vielen Jahre war er – vor Trauer? – tiefer und tiefer in den Boden eingesunken. An ihn erinnerte ich mich, als die Einrichtung der dritten Diskothek anstand. Diesen Heuwagen wollte ich haben. Sein Dasein als Einsiedler sollte bald zu Ende gehen. Mitten unter die Leute würde er kommen. In einen Raum, der gut geheizt war.

Ein Dreitonner-Lkw, den man mit Pkw-Führerschein noch fahren durfte, vier Studenten, mehrere Schaufeln und drei Spitzhacken sowie eine Menge Bargeld begleiteten mich. Der Bauer war schnell gefunden, für zwanzig Mark wollte er mir den Wagen überlassen. In Köln angekommen, kam das gute Stück in die Hände meines bewährten Schreiners in der Zülpicher Straße. Das faule Holz kratzte er mit einer kräftigen Drahtbürste heraus und zimmerte auf den Heuwagen einen Tisch mit zwei Bänken für zehn Personen.

Dadurch, dass die Gäste gut einen Meter höher saßen als die anderen Besucher, erhielt der Raum eine Dynamik, eine reizvolle Schwingung. Der Wagen entwickelte sich zu einer der Besonderheiten des Lokals. Kölsch konnte man überall trinken. Aber wo trank man sein Bier, hoch auf einem Heuwagen thronend, bei guter Diskomusik? Gemixt von einem pfiffigen Diskjockey oder einer anmutigen Disklady.

Seit Langem träumte ich von einer kleinen, quadratischen, mit Stroh gedeckten Bar. Sie gehörte nach meinen Plänen mitten ins Lokal. Dem leicht erhöhten Ackerwagen stellte sich am Lokalende ein burgundisches Bett mit Sitzbänken innen entgegen. Da es ebenfalls etwas erhöht auf einem Sockel stand, nahm es die vom Heuwagen erzeugte Schwingung auf. Das Lokal bot Raum für 170 und mehr Gäste.

Um den schönsten Platz an der Theke bewarb sich ein übergroßes Sofa; bezogen mit einem curryrotgelborangefarbigen, breit gerippten Cordstoff. Der Polsterer Ediwald Hubbert versuchte, mir diese *verrückte* Idee auszureden – ohne Erfolg. Dem fast vier Meter lange Möbel verpasste ich außerdem eine übergroße Sitztiefe. Das war klarer ein Verstoß gegen alle von Bürokraten erdachten DIN-Normen. Doch aufgrund meiner Körperlänge vermisste ich häufig in anderen Lokalen hinreichend Platz, um wirklich bequem sitzen zu können. Sicher hatte ich durch diese Erfahrungen eine so opulent ausladende Couch im Hinterkopf gehabt. Die butterweichen, mit Daunen gefüllten Kissen aus hochwertigem, flauschigem Stoff übten eine große Anziehungskraft auf die Gäste aus. So auch auf mich. So hatte ich mir das immer vorgestellt. Jetzt war es endlich Realität.

In den Stellenmarkt des *Kölner Stadt-Anzeigers* setzte ich ein Inserat: *Suche Studenten-Bar-Lady.* Mehrere Interessierte Damen kamen in das Café Mohrenkopf, das ich als Treffpunkt angegeben hatte. Als verabredete Zeichen trug ich eine rote Krawatte. Das Café lag mitten im Studentenviertel.

Die erste Dame, die Interesse zeigte, war gar keine, sondern gehörte in die Kategorie: Nachtschattengewächs. Das war relativ schnell zu erkennen. Sie nannte sich Heli-Hannelore Becker. Ich schätzte ihr Alter auf über vierzig Jahre. Fast doppelt so alt wie jeder von uns drei Jungs. Damit war sie schon aus diesem Grund ungeeignet. Ich dachte bei mir, ohne es laut zu äußern, sie wirkt stark verlebt. Doch so ungalant wollte ich nicht sein und hielt deshalb den Mund. Nach einer knappen Einführung, wie der Posten besetzt werden sollte, sagte ich dann ohne Umschweife, sie sei nicht das, was zu dem Lokal passen würde. Ihr Blick erstarrte ungläubig. Dann erhob sie die Stimme; die gurrte erst und schluchzte schließlich irgendwas von einer letzten Chance, die sie brauche. Drohend fügte sie trotzig hinzu:

„Wenn ich den Job nicht bekomme, da jon ich in de Rhinn."

Hoffentlich kann sie schwimmen, überdachte ich für einen kurzen Moment die Situation. Die anderen Kaffee trinkenden Gäste schauten pikiert herüber und tuschelten. Frau Becker schaute sich unsicher um, schaute umher und wusste nicht, wie sie sich verhalten sollte. Ich versuchte, sie zu beruhigen. Das Geraune schwoll mächtig an. Sie erhob sich dann doch schneller, als ich es hatte erwarten dürfen. Irgendwie trennte man sich im Streit. Sie schimpfte noch, als sie sich, sanft geschoben, auf der Straße wiederfand. Mit rotem Kopf kehrte ich in das angenehm warme Café zurück, um mich erleichtert wieder meinem Mokka und der geliebten Zitronenrolle zuzuwenden.

Und dann kam Eva. Traum oder Wirklichkeit? Ich hielt die Luft an. So etwas hatte ich nicht auf mein einfaches Inserat erwarten dürfen. Sie ist eine außergewöhnliche Frau, die einen besonderen Zauber versprüht. Würdevoll wie ein junges Alttier – das ist die weibliche Begleitung des Rothirschs. Sie ging erfrischend, dynamisch und kraftvoll. Evas Charme strahlte eine sublime Weiblichkeit aus. Auch die anderen Gäste blickten mit Interesse und Respekt auf diese edle Erscheinung. Etwas über 1,75 Meter groß, glitt sie elegant durch den Raum. Ihre halbblangen hellbraunen Haare mit rötlichem Schimmer besaßen einen leicht asymmetrischen Schnitt. Wenn sie den Kopf mit natürlicher Grazie nach hinten warf, umrahmte der Haarschopf ihr feines Gesicht. Lange schlanke Arme, betupft mit einem dünnen blondbraun schimmernden Haarflaum, strahlten Tatkraft aus. Die Brüste, hoch angesetzt, hätten gut zu einem dekolletierten Empirekleid gepasst.

Ich dachte, die zweifache Mutterschaft sieht man ihr nicht an. Das Mädchen ist bei Eva noch zu Hause. Alle, wirklich alle Studenten verliebten sich auf der Stelle in dieses zauberhafte Geschöpf. Und auch ich zog die Bremse, um nicht zu häufig und zu direkt auf diese junge Frau zu schauen. Wie zur Korrektur schob eine unsichtbare Hand – es war die Hand des Chefs – den Kopf wieder in eine weniger verfängliche Position.

Es fiel mir tatsächlich nicht leicht mit der jungen Dame, die zwei Jahre älter war, über so ein heikles Thema zu sprechen. Doch der Unternehmer drängte sich in den Vordergrund und übernahm die Führung. Er machte Eva deutlich, ihre Aura könnte auf manche Gäste fälschlicherweise so wirken, dass unschickliche Angebote nicht ausbleiben würden.

„Solche Angebote lächeln Sie einfach weg. Über das nötige Charisma verfügen Sie, mit Sicherheit. Ihr Mann holt Sie bitte jeden Abend nach Dienstschluss ab. Falls er verhindert sein sollte, spendiert das Haus ein Taxi. Und tragen Sie bitte ihren Ehering sichtbar, nie ein Dekolletee, aber gerne figurbetonte Pullover oder Blusen."

Eva Baumgarten schaute sehr überrascht, als die *Predigt* beendet war. Sie wirkte zufrieden und stimmte den Vorschlägen zu. So gab es nach kurzer Zeit keinen Zweifel, „die Baumgarten" war zum Abschleppen nicht geeignet.

1962 – Zwanzig Parkplätze

Im Vorfeld der Disko-Gründung Tenne eröffnete sich ein wirklich dickes Problem. Manche Gastronomie-Planung scheiterte daran. Ich hatte es schon befürchtet: Die Kölner Stadtverwaltung verlangte den Nachweis von zwanzig Stellplätzen. Wir konnten nicht einmal einen einzigen Parkplatz vorweisen. Woher auch? Das Lokal lag unmittelbar am Kölner Innenstadt-Ring, wo überall strengstes Halteverbot herrschte. Von Parkplätzen war weit und breit keine Spur. Als Kompensation forderte die Stadt eine Ablöse von 20 000 Mark pro Platz. Eine Investition von 400 000 Mark für nix hätte allerdings das ganze Vorhaben wirtschaftlich uninteressant gemacht. Kämpfen und den Kopf arbeiten lassen. Es ging um fast eine halbe Million Mark. Das lohnte jede Anstrengung.

Eines Tages schlich ich um das Hochhaus herum, das auf der anderen Seite des Rings, gegenüber der Tenne, lag. Es sollte wieder ein guter Tag werden. Das spürte ich. Glück ist eine Frage der Einstellung. Dazu roch es fast überall nach Fritten und Kölsch. Das besagte Hochhaus beherbergte einen mächtigen Versicherungskonzern mit mehreren hundert Angestellten. Plötzlich kam mir *die* Idee und ich schritt schnelleren Schrittes auf das Gebäude gegenüber zu. Unternehmungslustig suchte ich das Gespräch mit dem Pförtner. Karl-Wilhelm Pfefferkorn war sein Name. Dieser Mann stellte sich als ein verständiger, älterer Herr heraus. Seine Erzählungen über den zweiten Weltkrieg waren brisant. Aus seiner Schulklasse seien lediglich vier von zwanzig zurückgekehrt.

Es stellte sich im Gespräch heraus, die Angestellten zahlten monatlich 50 Mark pro Parkplatz. Sie nutzten ihn jedoch nur tagsüber. Nachts, während der Diskozeit war folglich alles frei, frei für unsere Gäste – theoretisch. Am folgenden Tag drückte ich Pfefferkorn zwei Hunderter, in einem Kuvert diskret versteckt, mit zwanzig Blanko-Mietverträgen in die Hand. Ich bat ihn, diejenigen Mieter unterschreiben zu lassen, die zukünftig nur noch die halbe Miete zahlen wollten. Für das Parken tagsüber. Den Rest würde die Disko gerne übernehmen. Er erfüllte meine Bitte mit Geschick.

Die Stadtverwaltung Köln akzeptierte die vorgelegten Verträge.

1964 – Drei Staatsexamen

Nun rückte langsam das Examen näher. Ein wenig machte sich Nervosität unter uns drei Jungs breit. Staatsexamen – das ist stets etwas Besonderes. Wir studierten die gleichen Fächer und deshalb war es überhaupt nicht schwierig, eine effiziente Arbeitsteilung zu organisieren.

Es folgte eine graue, regnerische Zeit in Köln, die nach Wochen schon mal aufs Gemüt schlagen konnte. Immer wieder rauschten dunkelgraue, schmutzige Tiefs aus dem Westen durch das Rheinland. Doch trotz mieser Witterung ging es morgens um 5.30 Uhr (zu der Zeit schloss das Black Bottom) aus dem Bett, manchmal leicht federnd und manchmal leicht fluchend.

Der Nestor der Betriebswirtschaft in Köln hieß Prof. Dr. Dr. mult. Erich Gutenberg. Er war Senator ehrenhalber, mehrfach mit Bundesverdienstkreuzen ausgezeichnet. Der Hörsaal konnte gut 1 000 Studenten fassen. Es war nahezu unmöglich, den vielen, zum Teil überraschend hübschen Studentinnen aus dem Weg zu gehen. Ihr gutes Aussehen war kein Zufall. Denn viele mittelständische Firmeninhaber entsandten ihre Töchter zum BWL-Studium nach Köln, auch in der stillen Hoffnung, zusätzlich zu dem Examen noch einen Schwiegersohn für den Betrieb mitgeliefert zu bekommen.

Genau betrachtet, wäre ich so ein Kandidat gewesen: Ein Kandidat zum Einheiraten. Monika aus Bad Oeynhausen, die mit den großen Körbchen und Gabriele aus Recklinghausen, die mit den etwas Kleineren, hielten nicht nur konzentriert Kontakt mit der Wissenschaft, sie gehörten zu diesen besagten Studentinnen – mit Fabriken und Kaschmirmäntelchen.

Tatsächlich ganz vorne, die erste Reihe war ein Muss. Das war ich meinen Kumpels schuldig. Denn der alte Herr, Prof. Gutenberg, pflegte – hörte ich – plötzlich ganz unvermittelt einen Satz hin zu nuscheln. Er war bereits über siebzig und wirkte manchmal leicht zerstreut. Ich wusste genau, was ich liefern musste: Das Klausurthema im Fach Betriebswirtschaft.

Ich hetzte in die erste Reihe, eine halbe Stunde vor Beginn der Vorlesung. Ganz entgegen der sonstigen Gewohnheit. Monika war auch schon da. Dann, ja dann sagte – nein, flüsterte – der Professor den einen erlösenden Satz, auf den Eingeweihte schon lange gewartet hatten. Gutenberg erklärte ausführlich die Grundsätze der Plankostenrechnung. Monika blickte immer noch herüber. Plötzlich, ganz unvermittelt, raunte der Professor vor sich hin gegen die Tafel:

„Und das sollte jeder Diplom-Kaufmann wissen."

Da war es, das Codewort, kaum hörbar, nur einfach so von ihm dahin genuschelt. Ob Monika den Hinweis des Professors gehört hatte? Gerade jetzt schien sie unkonzentriert zu sein. Sie war mit ihren Gedanken ganz wo anders gewesen.

Einen ganzen Tag investierten wir drei Freunde in die Geheimnisse der Plankostenrechnung. Das Thema wurde, wie vermutet, Gegenstand der Klausur. Unsere schriftlichen Arbeiten fielen überdurchschnittlich gut aus, was keine große Überraschung war. Monika hatte rechtzeitig meinen Tipp aufgegriffen. Sie spendierte ein Abendessen bei „Chez Alex" am Rheinufer. Zwei Michelin-Sterne! Dieses Mal trug sie einen feschen Kaschmirpulli in Pink.

Aber, ohne den außergewöhnlich guten Repetitor Braunschweig wäre das Examen niemals so glatt über die Bühne gegangen. Er war Diplom-Kaufmann und schien extrem kurz geraten zu sein; man dachte immer wieder, gleich steht er auf. Die rund siebzig Studenten folgten seinem Vortrag voll konzentriert, sie hingen förmlich an seinen Lippen. Wenn Günter, Hilmar und ich dann um acht Uhr morgens nach zwei anstrengenden Stunden das Repetitorium verließen, kam uns eine Gruppe verschlafener Studenten als zweite Schicht entgegen.

„Aus solchen Situationen gewinnt man mentale Stärke", sagten wir uns. Wie sollten diese Langschläfer eine Examenschance haben gegen uns mit täglich zwei Stunden Zeitvorsprung? Bei sechs Tagen in der Woche brachte das einen Vorteil von zwölf Stunden. Multipliziert mit sechs Monaten – kaum auszurechnen.

Braunschweig pflegte stets eine kleine, rotweißrosa gestreifte Fliege zu tragen. Man hörte das Gerücht, seine Ehefrau müsse sich zum Binden der Fliege hinknien. Aber er spielte nicht alleine im *Theater*, wie das Examen hieß. Es gab noch den jungen Jura-Repetitor Kallwass, der wie Braunschweig gerne Fliegen trug; er konnte sie ohne fremde Hilfe binden!

Rhetorisch in Topform sah der mittelgroße Mann mit voller, schwarzer Mähne aus wie ein Schauspieler aus einer Nachmittagsserie im US-Fernsehen. Man raunte sich hinter vorgehaltener Hand zu, seine Freundin sehe einfach fantastisch gut aus. Sie nähme Schauspielunterricht. Den brauchte Kallwass nicht; er war ein rhetorisches und pädagogisches Naturtalent. Er vermittelte Jura für angehende Wirtschaftswissenschaftler. Ihn *hörten* alle zukünftigen Betriebs- und Volkswirte. Er entwickelte sich zu einer legendären Figur. Wegen des starken Zulaufs musste er ein Kino anmieten. Seine *Vorstellungen* waren stets ausgebucht. Er wählte das Studentenkino Die Lupe auf der Zülpicher Straße. Es lag unmittelbar neben dem Lord's Inn und um die Ecke von der Tenne. Die Nachtvorstellungen in der Lupe waren Kult; also ein Muss. Es gab keine bessere Entspannung zwischen den harten Studientagen inklusive Nebentätigkeiten als sich einen der Italowestern *reinzuziehen*, wie die Studenten sagten. Mit Kölsch als Abschluss. Kölsch war eigentlich immer dabei.

Kallwass pädagogisches Geschick und seine Strategie, komplexe Lehrinhalte zu bündeln, stets wiederkehrende Rechtspositionen und Fälle mit imaginären, frei erfundenen Figuren zu besetzen, das machte seinen Unterricht unwiderstehlich. Manchmal glaubte man, im Kabarett zu sein, so unterhaltsam gestaltete er seinen Vortrag. Jeder Student wusste, der Gehilfe Brause, das war der mit den zehn X (jedes X stand für ein uneheliches Kind), stellte eine Kunstfigur dar, die nie schadensersatzpflichtig gemacht werden konnte, egal was er – wieder einmal – angestellt hatte. Und das Mütterchen Müh verkörperte die Figur, die stets geschädigt wurde, auch einen Anspruch auf Schadensersatz hatte, aber nie einen Pfennig Entschädigung erhielt. Mütterchen Müh als Inkarnation der juristischen Tragik.

Das Studium beendeten wir drei gemeinschaftlich nach dem neunten Semester. Uns Jungunternehmern lag der Gedanke fern, Dutzende von Semestern auf Kosten der Gemeinschaft dranzuhängen. Denn wir wehrten uns gegen die Vorstellung, die Steuern der Krankenschwester und des Feuerwehrmanns würden unser Studium finanzieren. Und später nach dem Examen würden wir das Mehrfache verdienen. Deshalb befürworteten wir Studiengebühren. Wer sie nicht aufbringen kann, wird befreit oder erhält ein Darlehn. Das ist ein Aspekt des *Sozialen* an der Marktwirtschaft. Man muss es nur richtig organisieren und kommunizieren. Wir zahlten ab dem zweiten Semester viel Einkommensteuer, sogar gerne. Es war eine Art Erfolgsnachweis.

1965 – Die Hochzeitsreise

Die Hochzeit mit Charlotte stand an. Es begann eine neue Zeit: So lange geträumt und nun am Ziel der Reise angelangt. Ja, ich hätte Milena Agus zugestimmt, wenn sie in ihrem Buch „Die Frau im Mond" schreibt:

„Sie ist ein Mensch, den der liebe Gott in dem Moment geschaffen hat, da er es leid war, noch eine weitere gewöhnliche Frau von der Stange entstehen zu lassen."

„Schlaft nie ein im Streit. Einer von Euch beiden sollte die Initiative übernehmen und das Problem durch ein Gespräch vor dem Einschlafen aus der Welt schaffen. Seht das als Stärke an", sagte Oma Sophia mit einem schelmischwarmen Lächeln. Unser Söffchen entschwand lautlos; sie nahm sich nicht wichtig. Nicht nur ihr Parfum hielt noch lange unsere Erinnerung an sie wach – so als sei sie weiterhin gegenwärtig. Charlotte schaute ihr versonnen nach.

„Was für eine Frau", entfuhr es ihr voller Bewunderung. Ich sagte nichts; ich wusste, wovon sie sprach.

Besondere Erlebnisse folgten dann Schlag auf Schlag: Die Hochzeitsreise nach Dubrovnik, die erste Wohnung in Köln, die Promotion, der erste Job am Institut der Deutschen Wirtschaft und die Geburt der geliebten Zwillinge Natascha und Patrick. Die Kinder als willkommenes Geschenk, das wir von der Hochzeitsreise, noch gut versteckt, aus dem kommunistischen Jugoslawien mitgebracht hatten. Der Kalte Krieg war sicherlich ausschlaggebend für die Namenswahl unserer Kinder gewesen. Absicherung nach beiden Seiten.

Ich spürte die neue Verantwortung, fühlte ein unbekanntes, ganz großes Wohlbefinden, kurz, ich befand mich, wie man so sagt, im siebten Himmel. Wenn es einen achten gegeben hätte, ja, dann wäre dort mein zu Hause gewesen.

Kroatien stand nicht nur aus Kostengründen zum dritten Mal auf unserer Reisespeisekarte. Die Landschaft, die Menschen, der Fisch, das Wasser, die alten Denkmäler, all das war Anreiz genug. Und jetzt galten wir erstmals offiziell als ein Paar. In der Zeit vor der Verlobung musste Charlotte stets vorgeben, mit einer Freundin zu verreisen. In jener Zeit schickte es sich für ein Mädchen nicht, mit einem jungen Mann allein in die Ferien zu fahren. Wir waren sicher, ihre Mutter hatte an die Freundin nie richtig geglaubt. Die gesellschaftliche Entwicklung hatte die Form überholt.

Die erste Reise ging dann nach Opatia in Jugoslawien. Dort räumten hilfsbereite Bewohner ihr Schlafzimmer, das auf das Meer und auf einen kleinen Hafen schaute. Es war ein wunderschöner, weiter Blick. Vorgebaut bot ein klitzekleiner Balkon eineinhalb Quadratmeter für zwei schmale Küchenstühle und für ein Minitablett mit zwei gekochten Eiern. Für ein Rührei wäre auch noch Platz gewesen. So thronten wir frühstückend unmittelbar über diesem Minihafen, wie in einer Opernloge. Bei blaulauwarmer Brise, vermischt mit leichtem, harzigem Wind und ihrem unverwechselbaren Duft.

Eines Morgens legte ein Fischer in dem engen Hafenbecken an und zeigte seinen Freunden stolz einen großen Hummer. Er bewegte sich und kämpfte mit seinen kräftigen Scheren gegen einen imaginären Gegner. Ich drängte mich an Charlotte vorbei, strich ihr dabei sanft – solch eine Gelegenheit konnte ich nicht auslassen – über den Rücken und fragte, mich von dem Balkon tief herunterbeugend, in den Hafen hinaus:

„Darf man den Hummer kaufen? Und, wenn ja, wo könnten wir ihn am Abend essen?"

Das stellte sich nicht als großes Problem dar. Für zwanzig Mark wurden wir uns schnell handelseinig. Ein Bruder des Fischers führe um die Ecke ein Lokal am Strand. Er koche gut und könne den Hummer gerne nach Art der Region zubereiten, sagte uns der Fischer.

Die Füße im tiefen, leicht kalten Sand versteckt und dazu ein frischer türkischer Weißwein, der ein wenig rauchig schmeckte, welch unvergesslicher Abend. Ich schaute still verträumt in ihr wunderschönes Gesicht.

Auch die zweite Reise nach Split und Zadar übertraf unsere Erwartungen. Diese Gegend an der Adria ist vollgepackt mit Verweisen auf die vielen tausend Jahre Vergangenheit. Charlotte näherte sich eines Abends dem Koch in einem versteckten, kleinen Restaurant am Meer. Sein grauschwarzer Schnurrbart reichte fast bis an den Rand des Kochtopfes. Er schaute gerne auf die junge Frau und zwinkerte mir schmunzelnd anerkennend zu. Sie fragte ihn:

„Was esst ihr hier, wenn ihr Hochzeit feiert?"

„Brusa", war die Antwort. Wir ließen uns gerne überraschen. Auf den urigen Holztisch kam eine längliche Kupferpfanne voll mit in Reihen gelegten, mittelgroßen Langusten. Sie versteckten sich unter einem Berg von frisch gehackten Kräutern. Aber es gab für sie kein Entkommen. Dazu scharf geröstetes Weißbrot mit etwas jungem Knoblauch abgerieben. Selten hatten wir etwas Köstlicheres genossen.

Für die Krönung, für die Hochzeitsreise, planten wir 2 000 Mark ein und logierten in dem besten Hotel der Stadt Dubrovnik – mit Pianobar, Meer, Tennisplatz und eigenem Strand. Es hieß Ambrador. Alter osmanischer Stil. Kurz vor 1900 erbaut. Jeden Abend schweifte der Blick andächtig über den sanft geschwungenen Golf. Schweigend genossen wir diese kitschig schönen Momente. Insekten wagten nicht, die Stille zu stören. Die letzten Sonnenreflexe auf das träge, schlierig grünblaugelbe Meer beleuchteten große Kreise, die sich stetig veränderten, angestoßen von leicht dahin gleitenden Wasserströmen. Sie lösten sich gemächlich auf und strebten dem felsigen, karstigen Küstenufer zu.

Die kleine Loggia eignete sich gut für ein Hochzeitspaar, das gerne allein war. Dort aßen wir ungestört zu Abend, nur von Jasmin, Efeu, Orchideen umkränzt, ohne summende Insekten und lediglich von unserer Zweisamkeit begleitet. Der Duft des Jasmins passte zu der Stimmung: Verführerisch.

Die Hotelanlage gruppierte sich um drei Tennisplätze. Charlotte nutzte ihr Talent als Eintrittskarte. Als sie begann, Tennis zu spielen, geriet sie nach kurzer Zeit zum gesellschaftlichen Mittelpunkt des Hotels. Ich hatte dann ein Appartement ganz hoch oben am Bergesrand gesucht und gefunden, denn das Geld wurde knapp.

Also blieben wir eine Woche länger als geplant, nicht ohne weiterhin als Gäste in unserem vormaligen Hotel Ambrador aufzutreten. Man kannte uns und ihre Tenniskunst öffnete den Weg zu den Hoteleinrichtungen wie Tennisplatz und Schwimmbad.

1965 – Die erste Wohnung

Nachfrage übertraf das Angebot bei weitem. Geburtenstarke Jahrgänge drückten auf den Markt. Ein kurzer Blick in den Immobilienteil der Zeitung genügte, um den Mangel an Wohnraum für junge Familien zu erkennen. Trotzdem sollten aus Prinzip die Maklergebühren gespart werden. So suchten wir wochenlang auf eigene Faust. Erfolglos! Entweder fehlte ein Zimmer oder die Lage gefiel nicht. Oder aber der Mietpreis, so moserten wir, sei unverschämt hoch. Das wochenlange Suchen machte uns müde und mürbe.

Dann nahm das Glück uns unverhofft in die Arme. Im vornehmen Köln-Lindenthal bewohnte Robert Lutz, ein erfolgreicher Versicherungsunternehmer, mit seiner Familie das Parterre einer mittelgroßen Bauhaus-Villa. 75 Quadratmeter für 430 Mark Kaltmiete im ersten Stock pro Monat. Das überstieg zwar unsere finanziellen Planungen, doch der einzigartige Zuschnitt, die ruhige Lage sowie die Person des Vermieters verhalfen der Unvernunft zum Sieg.

Robert, der im Laufe der Jahre ein guter Freund werden sollte, machte in der Verhandlung mächtig Druck. Er sah exzellent aus und trug eine wertvolle und geschmacklich sicher gewählte Kleidung:

„Die Wohnung ist sehr gesucht; wenn Sie für ihre Familie ‚100 000 Leben' (d.h. eine Lebensversicherung) bei mir abschließen, werden Sie die Wohnung sicher bekommen."

Das klang so, als wollte er bei sich selbst ein gutes Wort für uns einlegen! Der Überfall war frech. Aber Charlotte hatte die entscheidende Idee. Lutz schien ein Sammler alter Orientteppiche zu sein.

„Herr Lutz, ich biete zur Komplettierung Ihrer Sammlung eine persische Seidenbrücke und einen alten kaukasischen Adler – Kasak in Pflanzenfarben an. Wenn Sie an einem Ankauf Interesse hätten, würden wir die Lebensversicherung nebst Mietvertrag sofort abschließen."

Robert Lutz schaute überrascht, aber er akzeptierte. Die Partnerschaft sollte für beide Teile über Jahre gut ausgehen. Ich begann im Laufe der Zeit Orientteppiche zu lieben.

Glücklicherweise brachte meine Frau einen Dagestan-Teppich aus dem Kaukasus, ein 150 Jahre altes Stück, mit in die Ehe. Die schmale Bordüre umfasste ein Rechteck, von farblich unterschiedlichen Diagonalen durchzogen. Das gab es selten. Ich pflegte und behütete dieses selten schöne Kunstwerk, das mit der Zeit leicht zerbrechlich geworden war.

Der Putzfrau verbot ich stets vergebens, dieses alte Stück mit dem Staubsauger in Berührung zu bringen. Häufig versteckte ich am Putztag die Brücke in der Bücherwand.

Charlotte lachte mich deswegen aus.

1965 – Die Teppichaffäre

Wie aber kam ich mit Orientteppichen in Berührung? War ein neuer Geschäftszweig gefunden worden?

Mein Stiefvater Oskar glaubte Anfang der sechziger Jahre der Standort Köln sei ein sich dynamisch entwickelnder Markt. Trier würde dagegen auch in Zukunft eine schläfrige Beamtenstadt bleiben. Deshalb habe er von einem alteingesessenen jüdischen Teppichhändler, namens Ballner, ein erfolgreiches Einzelhandelsgeschäft übernommen, samt Personal und Kundenstamm, aber ohne Ware. Diese Entscheidung überraschte mich.

Er teilte mir also eines Tages mit, ich solle neben dem Studium und den Diskotheken zusätzlich als Geschäftsführer des Teppichladens fungieren. Ein paar Stunden in der Woche könne ich doch wohl dafür erübrigen. Von dem Würstchen- und Autovertrieb ahnte er Gott sei Dank nichts. Wollte Oskar meine Belastbarkeit prüfen? Er übergebe mir zwei erfahrene Mitarbeiter: Degenhardt und Menna. Das waren Herren von sechzig und siebzig Jahren; dazu kam noch eine freundliche Restauratorin, Frau Zimmermann. So um die fünfzig Jahre jung. Und trotzdem:

„Außer Spesen nichts gewesen", teilte ich resignierend Oskar nach zwei Jahren mit. Alle Beteiligten hatten sich bemüht, das Geschäft zum Erfolg zu führen. Der Investor hatte eine Million Mark in hochwertige, aber leider neue und damit langweilige Kommerzware angelegt. Das war das Grundproblem. Die Kunden von Ballner wollten jedoch keine Orientteppiche, die sie auch im Kaufhaus hätten finden können. Sie suchten alte, ausgefallene Sammlerstücke, aus Wolle mit Pflanzenfarben.

Menna, der alte Fachmann und ich, der Teppich-Novize, wollten nach einer Anlaufzeit Gewinne vermelden. Immer noch stiegen ehemalige, treue Ballner Kunden die Treppe in das Geschäft am Friesenplatz hinauf, um dann enttäuscht feststellen zu müssen, dass die von ihnen gewünschte Ware nicht vorhanden war. Gesucht wurde von einem vornehmen pensionierten Arztehepaar, das seit Jahrzehnten besondere Stücke *jagte*: ein alter Maslagan-Läufer 5,00 mal 1,30 Meter in Pflanzenfarben oder ein sehr alter, blasser Kirman 4,50 mal 4,20 Meter, also fast quadratisch und damit äußerst selten. So versprachen wir, der alte Herr und ich, die gewünschten Stücke besorgen zu wollen. Man brauche allerdings etwas Zeit, die die Kunden meist großzügig gewährten.

Denn Menna verfügte über ein umfangsreiches Wissen über die Knüpfkunst des Orients. Und man vertraute ihm, was gerade in dieser Branche ganz wichtig war. Nicht jeder, der mit Orientteppichen handelte, neigte zur Korrektheit. Er schärfte mir ein:

„Der Dame des Hauses müssen Sie eher zustimmen als dem Herrn. Nicht zu liebedienerisch, aber trotzdem, denn den Teppich wählt Madame, Monsieur zahlt."

Die meisten alten Ballner-Kunden offenbarten ihm ihre Wünsche. Die sammelten wir über die Woche, um nach einigen Tagen mit dem alten Opel Kombi zum Hamburger Freihafen durchzustarten. Fünfzehntausend Mark Bargeld begleitete uns. Es handelte sich um Geld, das aus ein paar geglückten Verkäufen normaler, relativ uninteressanter Ware zusammengekommen war. Frohgemut ging's nach Norden. Mit relativ wenig Geld, viel Wissen von Menna und meiner Unerschrockenheit. Der Regen peitschte dicke, nasskalte Riesentropfen ins Gesicht, als wir frühmorgens in den Wagen stiegen. Nachmittags, nachdem wir im Hamburger Hafen angekommen waren, regnete es immer noch. Grau und neblig kam uns der Februartag entgegen. Unserer zuversichtlichen Stimmung tat das allerdings keinen Abbruch.

Im Hamburger Zolllager, in den großen Speichern aus dem frühen achtzehnten Jahrhundert, stieg wohlige Wärme auf. In sie mischte sich eine exotische Vielfalt an Gerüchen. Sie stimulierten die Nase, streichelten und reizten sie; ich zog tief diese Luft ein und roch etwas Kaffee, auch Ingwer, Pfeffer und Kakao. Das alles war für mich neu. Menna hatte Heimspiel. Fünf bis sechs Stockwerke hoch türmten sich die aus dunkelrotlilafarbenen Backsteinen gefugten Häuser. Die Lagerhallen erstreckten sich über eine Länge von fünfzig mal dreißig Meter. Die Decke überspannte sie in zweifacher Geschosshöhe.

Die Beleuchtung strich diffus durch die weiten Hallen. Begleitet von einigen kleinen Kerzen, die in der Mitte des Verhandlungstischs Platz genommen hatten, kam ein Gefühl orientalischer Geborgenheit auf. Ein kleiner, etwas dicklicher Herr mit gepflegtem Spitzbart, schwerer Brille und breiten Goldringen, empfing uns. Er nannte sich Madjd Baktiari. Als er Herrn Menna sah, strahlte er über das ganze Gesicht. Menna stellte mich als den Nachfolger des früheren Inhabers vor. Ein Ausdruck der Zufriedenheit, der Vertrautheit glitt über sein Antlitz, als er den Namen Ballner vernahm.

„Ich würde gerne mit Ihnen, mein Herr von Herz, die langjährige, freundschaftliche Verbindung fortsetzen, die unser Haus über Jahrzehnte mit Herrn Ballner gepflegt hat. Das Objekt unseres Handels verkörpert sowohl Kostbarkeit als auch Schönheit. Es macht Menschen glücklich, wenn sie ihr Herz öffnen. Mein persönlicher Glückwunsch an Sie, dass Sie Herrn Menna an Ihrer Seite wissen."

Der wippte beschwichtigend mit seiner Handelsgold-Zigarre, die er zum Rauchen stets in eine kleine Papphülse steckte. Die Banderole löste er mit Bedacht kurz vor dem Anrauchen, ohne das spröde, dünne Deckblatt zu beschädigen.

Man reichte türkischen Mokka nebst gezuckerten Datteln und schmal geschnittenen, kandierten Ingwerstreifen. Die aparte junge Dame, die sich um ihre Gäste aufmerksam kümmerte, trug ein mit vielen Glitzersteinen über und über geschmücktes Kopftuch. Den Haaransatz ließ sie großzügig unbedeckt. Frei und selbstbewusst! Ich erwiderte die Höflichkeiten so gut ich in der Lage war. Viel Gelegenheit, auswärtige Diplomatie zu üben, hatte ich bisher nicht gehabt. Baktiari schien mich zu mögen. Das spürte ich.

Dann ging es um die eigentliche Sache, um Orientteppiche. Die Lichter leuchteten jetzt klar und hell. Ich sonderte mich von der Gruppe ab, um alleine auf die Suche nach alten Sammlerstücken zu gehen. Und hielt Ausschau wie ein Trüffelhund im Périgord. In den versteckten Ecken, an abgelegenen Stellen fand ich die lang entbehrte Ware, meist verborgen unter einer dicken Staubschicht. Oft war die Wolle noch mit Pflanzenfarben und nicht mit modernen Chemiefarben gefärbt. Die Purpurschnecke liefert das Rot, aus fein verriebenem Safran gewinnt man ein intensives Gelb und aus Lapislazuli ein strahlendes Blau.

Nach vielem Feilschen wurde in bar gezahlt. Und ich lernte, wie man mit aller Geduld bei dem fünften Pfefferminztee um den Preis rangelt, den Handel immer wieder unterbricht und den Raum auch schon einmal kopfschüttelnd verlässt. Ich glaubte, auf dem Basar im türkischen Bodrum zu sein. Menna lehrte mich, ein Orientale habe so viel Freude am Handeln, dass ihm ein ungeduldiger, schneller Abschluss, wie ihn der Europäer bevorzugt, den Spaß raube.

Morgens in der Früh ohne Übernachtung, um Hotelkosten zu sparen, kamen wir ermattet in Köln an. Die Reise führte durch mehrere Unwetter. Als junger Mann lenkte ich das Steuer, denn für den Nachmittag stand bereits die erste Vorlage bei einem Kunden in Leverkusen an. Der Termin mit dem Vorstandsmitglied von Bayer war seit langem fest geplant. Sein Büro hatte ihn noch einmal bestätigt.

Es ereignete sich alles so, wie von ihm vorhergesehen. Die Dame des Hauses verguckte sich in einen alten, blassblauen Heriz, während ihr Mann mehr zu einem floralen Stück, einem Kirman mit Spiegel und kräftigeren Farben, neigte. Der vier mal sechs Meter übergroße Heriz machte das Rennen. Er passte vom Maß her exakt und geschmacklich gut in die opulente Eingangshalle. Der Ehemann beglich die Rechnung, nachdem wir einen unbedeutenden Rabatt eingeräumt hatten.

Aber das Geschäft blieb schwer und zäh. Es quälte sich so von Monat zu Monat dahin. Der entscheidende Durchbruch in die *schwarzen Zahlen* wollte nicht gelingen. Manchmal gelang überraschend ein gutes Geschäft. Wir ersteigerten im Auktionshaus Carola van Ham eine übergroße Kasak-Brücke, geknüpft

1877. Mit vierhundert Mark waren wir zum Zug gekommen. Ein großer Riss, ungefähr ein Meter zwanzig lang, rührte wohl von einem Granatsplitter aus dem Zweiten Weltkrieg. Die Besitzer hatten früher in Berlin gelebt, hörten wir. Jetzt kam Arbeit auf die Knüpferin Zimmermann zu. Sie verstand ihr Handwerk. Ein Kunde, den wir aus Gründen der Fairness auf die reparierte Stelle aufmerksam machten, verliebte sich trotzdem so sehr in den selten schönen und alten Teppich, dass er ohne Murren viertausend Mark hinblätterte. Aber es blieb ein Ausnahmegeschäft! Und letztlich, was für ein verschwindend kleiner Betrag war das im Vergleich zu einem Warenlager im Wert von einer Million?! Trotzdem, wir unternahmen eine ganze Menge, versuchten es mit Anzeigen im Kölner Stadt-Anzeiger und beauftragten die Agentur Muskatewitz mit der Durchführung einer Werbekampagne. Oder wir zogen *über die Dörfer*; das heißt wir mieteten Ausstellungsräume im ersten Hotel am Platz, in Brühl, Olpe oder Stolberg oder Leverkusen. Für ein paar Tage stellten wir dort Teppiche aus, malten mit Schablonen-Unterstützung Preisschilder und annoncierten im Lokalblatt. Manchmal verkauften wir gut.

Aber es half alles nichts. Von dem Warenlager bewegte sich stets nur das obere Fünftel, der größte Teil erwies sich bei dem anspruchsvollen Kundenstamm als unverkäuflich; die Ware lag fest wie Blei, wie man im Handel sagt. Nach langen Beratungen und einigem Hin und Her stimmte Oskar einem groß angelegten Räumungsverkauf zu.

Die geschäftliche Verbindung zu unserem Vermieter Robert Lutz entwickelte sich dagegen erfolgreicher. Denn eines Tages erzählte er bei einer Tasse Kaffee im Garten, er werde auf der Aachener Straße ein Geschäftshaus bauen.

„Die Inneneinrichtung des Büros müsst Ihr bitte übernehmen. Und wenn bei der Zusammenarbeit auch noch die ein oder andere Lebensversicherung herausspringt, so ist das für niemanden von Nachteil", feixte er. Und das kam so: In unserer Vaterstadt Trier sang an der Oper der Altbariton Albert Habernicht. Das monatliche Gehalt von 800 Mark brutto machte seine Familie nicht satt. Wir lernten ihn eines Tages kennen, als er seiner geliebten Nebentätigkeit nachging. Er restaurierte alte Schränke, Tische und Türen in der versteckten Waschküche eines Hinterhauses. Mit Bedacht klopften wir und vernahmen nach einem kurzen Moment ein sonores:

„Herein, wenn es nicht das Finanzamt ist.“

Er war nicht zu groß geraten und verfügte über eine Leibesfülle, die zu einem Bariton passt. Seine barocke Gestalt, die Gewandtheit seiner Bewegungen und die funkelnden Augen machten uns zu seinen Gefangenen. Wir merkten schnell, dass wir bei ihm richtig waren. Nach langem Feilschen um den Preis, kauften wir eine schwere Barocktür aus der Eifel. Es handelte sich um eine elegante Kassettentüre aus Eiche, die rund 300 Jahre alt sein sollte. In ihrer Schlichtheit gewann sie an Schönheit, je länger man sie betrachtete. In sein Chef-Zimmer, es war 60 Quadratmeter groß, stellten wir außerdem einen wuchtigen Barockschrank, der mit der Kassettentür gut harmonierte. Er stammte aus dem Hunsrück. Auch dieses alte Stück war aus einwandfreiem Eichenholz. Wir waren glücklich, es zu einem interessanten Preis kaufen zu können. Das Jahr der Herstellung liege lange zurück, versicherte der Sänger. Aus dem Bestand des väterlichen Geschäfts steuerte ich einen blassgelbroten Sarouk bei, einen fünf mal sechs Meter großen, handgeknüpften Orientteppich.

„Die Krönung aber ist der flämische Gobelin“; sagte unser Freund Robert. Dieses Stück wurde gewirkt, einem Kelim ähnlich, und nicht geknüpft. Ich fand es bei einer Händlerin namens Siegert aus München: Vor blauem Teich nebst grünem Baum schritt eine mit Pfeil und Bogen bewaffnete Diana einher. So hieß auch das Sujet: „Diana – Aufbruch zur Jagd“. Ein kleines Krönchen auf dem Kopf verriet ihre himmlische Herkunft. Und da gab es noch einen drahtigen Hund, der Charlotte gut gefiel. Er durfte die Göttin in gebührendem Abstand begleiten. Insgesamt handelte es sich um einen großen Auftrag. Lange Zeit konnten wir von dem Überschuss die Versicherungsprämien begleichen.

1966 – Plötzlich stirbt Oskar

Dann stirbt Vater Oskar ganz plötzlich. Ein Besuch in Paris bei der Tochter Marion, bei meiner kleinen Schwester, wurde ihm zum Verhängnis. Irgendwo im Zentrum der Stadt machte ihr kleiner Citroen, *die Ente*, schlapp. Oskar stemmte sich kräftig gegen den Wagen, um ihn nach vorne zu befördern. Die Anstrengung schaffte ihn, denn sie übertraf seine körperlichen Fähigkeiten. Ein übler Durchbruch der Magenwand war die Konsequenz.

Für das Mitglied des diplomatischen Corps traf Paris alle Maßnahmen, um den zwischenzeitlich zum Honorarkonsul bestellten Oskar Sommer optimal zu versorgen. Das Schicksal wollte es, dass der Mann, der die deutschfranzösische Freundschaft aktiv – nicht nur in der Westallee – gelebt hatte, nun dem medizinischen Frankreich misstraute. Französische Mode, französische Küche und französische Weine! Aber sich der französischen Medizin anvertrauen? Typisch deutsche Vorbehalte gingen ihm im Moment höchster Not durch den Kopf. Der Tochter Marion gab er die wenig förderliche Order:

„Lass mich nach Trier mit einem Rettungsflugzeug fliegen."

Nachdem Oskar in Trier angekommen war, ging es mit ihm schnell zu Ende. Er machte auf dem Totenbett eine bittere Erfahrung mit der *Güte* des katholischen Priesters namens Mechelen. Er bat Gisela, als er sein Ende nahen fühlte:

„Rede mit ihm, er soll bitte zur letzten Ölung kommen."

Da aber Oskar auch von diesem Sakrament wegen seines Lebens in wilder Ehe ausgeschlossen war, bedurfte es aller Überzeugungskraft, den Geistlichen zum Kommen zu bewegen. Sie schleifte ihn an das Sterbebett, wo jener mit der Bemerkung eintrat:

„Gelobt sei Jesus Christus, Amen. Ich kann die letzte Ölung Ihnen nur spenden, wenn Sie, Herr Sommer, hier vor dem Allmächtigen für den Fall ihrer Gesundung versprechen, mit ihrer Frau zukünftig eine Josefsehe (eine Ehe ohne Sex) zu führen."

Oskar, der seine achtzehn Jahre jüngere, schöne Gisela nach wie vor liebte und begehrte, verkrampfte, bäumte sich wutschnaubend auf und rief:

„Das kann Gott nicht gewollt haben", sank nach hinten und verstarb. Mechelen, der *gütige* Hirte, reichte ihm erst jetzt die letzte Ölung. Das *Schaf* aus seiner Herde hatte bereits das Bewusstsein verloren. Oskar starb ohne Trost. Mutter Gisela schleuderte dem Priester voller Hass entgegen:

„Raus hier, Sie Ungeheuer, Gott möge Ihnen vergeben. Ich kann es nicht. Und ich werde es niemals tun. Amen!"

Der Schock saß tief. So früh und völlig unerwartet. Alle, die vier Kinder aus drei Ehen, die Ehefrau und die Großmutter, Oma Söffchen. Es folgte ein sehr tiefer, dramatischer Einschnitt. Das stabil gebaute und bisher erprobte Gebäude stürzte ein.

Das Testament offenbarte, dass ich, was die Firma anging, außen vor bleiben würde. Der Stiefsohn war wohl im Wege gewesen. Einerseits überraschte mich dies, denn es hatte zwischen uns beiden keine emotionale Barriere gegeben. Aber vielleicht eine dynastische? Andererseits dachte ich über die Chancen nach, die diese Situation mit sich brachte. War sie nicht auch eine Art Befreiung?

Fast zwei Jahrzehnte sicher, glücklich erzogen und versorgt, hatte ich von dem Umfeld, das heißt von der Westallee, profitiert: Zwar gab es keinen Grund vor Selbstbewusstsein zu strotzen, aber klein würde ich mich ohne Not nicht machen – auch nicht machen lassen. Gut ausgebildet, groß und gesund gewachsen, sportlich trainiert, wovor sollte ich zurückschrecken? Und ich hatte auch vom Stiefvater zu kämpfen gelernt. Welch gutes Erbe – ohne Erbe.

1966 – Zwillinge mit Zigarren

Patrick und Natascha kamen in Köln zur Welt. Erstgeburt, Zwillingsgeburt und Steißgeburt des Jungen, der zuerst herauswollte. Es kam alles zusammen. Neben dem OP-Raum saß ich in einem kleinen Sonderzimmer. Ein armes, nervöses Würstchen – diesen Eindruck vermittelte ich. Ich hatte gebeten, während des Wartens alleine sein zu dürfen. Die Geburt würde nach der Ansage des Arztes nicht leicht werden. Und in der Tat: sechs endlose Stunden sollte sie dauern; die Ärzte legten meine Frau in einen Operationsraum.

Bei der Geburt hätte ich – man hatte mich gefragt – niemals anwesend sein können. Blut war grundsätzlich nicht mein Freund. In Erinnerung blieb mir die Szene aus einem Sauerbruch-Film, den ich als Gymnasiast in den fünfziger Jahren im Trierer Jugendkino gesehen hatte. Der Arzt setzt die Spritze an und senkt das Skalpell zum Schnitt. Ich war der Ohnmacht nahe.

In dem separaten Zimmerchen allein gelassen, steckte ich voller Ungeduld meine geliebten *Kubanischen* an: nach und nach, natürlich. Die Pausen zwischen den Zigarren wurden allerdings immer kürzer, je weiter die Zeit voranschritt. Die Monte Christo rauchte ich vor Aufregung viel hastiger, als es sich für einen Genießer eigentlich gehörte. Durch hektisches Ziehen neigen Zigarren, schneller als bei bedächtigem Rauchen, zu einer gewissen Bitternis. Ich war keineswegs in der Verfassung, auf solche Feinheiten zu achten. Lediglich Ablenkung sollten sie bringen. Sonst nichts. Von Genuss keine Spur. In Gedanken war ich ganz woanders. Auf jeden Fall nicht auf Kuba. Das Fenster stand offen, die Passanten auf der Straße meinten, gleich käme die Feuerwehr angeritten, um den gefährlichen Schwelbrand zu löschen. Weitere zwanzig Minuten des Wartens – die nächste Zigarre folgte.

Der Professor betrat nach Stunden das stickige Wartezimmer. Abgekämpft erkannte er mich, den zappelig Wartenden, nicht sofort wegen dichten Nebels. Er suchte dann tastend, die Wolken fortwedelnd und fand schließlich ohne Stolpern den jungen Vater dann doch sicher, wie man es von einem Professor erwarten durfte. Er schüttelte heftig meine Hand:

„Sie Glückspilz. Zuerst kam ein Bub, Steißlage, und dann ein Mädchen. Es hatte unglücklich einen Arm vor dem Kopf. Aber alles ist gut gegangen. Alle drei Menschenkinder sind gesund, nichts fehlt, Glückwunsch."

Ich verharrte kurz, nahm von Freude überwältigt, den ein Meter achtzig großen, gar nicht leichten Arzt plötzlich auf die Brust, hob ihn hoch und trug ihn laut singend über die Station:

„Freude, schöner Götterfunken ..."

Ein Hochgefühl überwältigte mich. Was mag ein Mensch mehr wollen, mehr ersehnen?, fragte ich in tiefer Dankbarkeit. Die Zwillingsgeburt steigerte die Bewunderung für meine Charlotte; es war die mit den großen, leuchtenden Augen. Dazu nun Natascha und Patrick. Blond, blaugrüngelbliche Äuglein und quietschgesund.

„Das Mädchen ähnelt in ihrem ersten, ausgeruhten Gehabe einem reifen Camembert, während der Sohn Patrick bereits hektische, raumgreifende Armbewegungen ausführt, die selbstverständlich auf ein ‚Haben', ‚Haben' oder ‚Her zu mir' hindeuten, er wird wohl Dirigent", sagte ich.

Charlotte erwiderte: „Nicht zu viel hineininterpretieren. Er ist lediglich sehr neugierig und will nichts verpassen."

Später suchte ich eine besondere Nähe zu den Kindern: Durch häufiges Wickeln, Baden, Anziehen, Versorgen, Umarmen, Balgen, Küssen und zu Bett bringen. Und Jahre später, als sie halbwüchsig waren, spielten wir viele Spiele, malten ganze Kontinente auf riesig große, weiße Papierbahnen. Und hörten Schallplatten von Heinz Ehrhardt und Berliner Kabarettisten der zwanziger Jahre wie Fred Warden. So kam es vor, dass Natascha, als sie erwachsen war, schon einmal auf einer Party lächelnd, laut fragend, auf ihren Vater zuschritt mit einem Heinz-Ehrhardt-Satz:

„Gewürzgurke gegessen ...?"

Oder der Sohn begegnete grinsend seiner Mutter mit:

„Gatte ging ...?", was aus dem Sketch *Heute ist Buchstabe G dran* stammte. Zweifel am Geisteszustand der Zwillinge und ihrer Eltern verstummten nicht.

Der junge Vater liebte sie sehr. Ich erzählte frei erfundene Geschichten und las ihnen vor dem Einschlafen vor, mit Freude. Und zwar häufig. Stets hüpfte mein Herz vor fröhlicher Erwartung, wenn ich abends um zehn Uhr vom Daimler nach Hause kam. Die ersten Berufsjahre waren arbeitsintensiv und so machte es mir einen Riesenspaß, noch spät in das Kinderzimmer gehen zu dürfen. Sie rochen unvergleichlich gut nach Baby und Nivea. Ich weckte sie leicht auf, erzählte eine Geschichte. Es war eine Mischung aus Geschäftsvorfällen und Phantasien. Die Tochter fragte dann mit halb geschlossenen, verschlafenen Augen:

„Papi, in echt?"

„Ich gebe zu, ein bisschen habe ich geflunkert, das andere ist die Wahrheit", murmelte ich. Sie schlief danach wieder ein; genauso wie ihr Bruder, der dem halben Märchen ebenfalls gespannt zugehört hatte. Es war reiner Egoismus, wenn ich die Nähe der Kinder suchte. Ohne jede Überwindung prüfte ich die Windeln und versorgte das *Geschäft* ordentlich. Und den Popo auch. Am liebsten nahm ich die beiden unter den Morgenrock; links an der Brust der eine Zwilling, rechts der andere. Dann den Morgenmantel zumachen, den Kopf reinstecken und an kalten Wintertagen kräftig in das Versteck hinein pusten. Es wurde dann schön warm und gemütlich. Die Kleinen liebten diesen Platz, auch weil Papis Brusthaare sicheren Halt boten. Was schon mal mächtig wehtun konnte. Aber Indianerherz ...

Lesen, aber auch Vorlesen war und ist ein wichtiger Teil der Erziehung. Das begriffen meine Kinder und deren Kinder und deren Kinder werden es wieder feststellen. Unser ältester Enkel Frederik bekräftigte diese Erkenntnis durch ein großes Emaille-Schild an der Tür seiner Jugendbude. Darauf stand:

„Lesen – Feind der Dummheit!"

Edgar Dittmer, der seit meiner Verlobung ein enger Freund geworden war, erzählte mir, dass die Politikerin der Grünen, Rebecca Harms aus Niedersachsen, 2009 sinngemäß im NDR geklagt hätte:

„Wer meint, seinen Kindern oder Enkeln heute noch aus Büchern vorlesen zu müssen, der folgt einem längst verschwundenen geglaubten, antiquierten, wilhelminisch, bourgeoisen Gesellschaftsideal."

Vorlesen, also eine bourgeoise Attitüde? Na ja, sagte Edgar erregt:

„Oft haben sie gar keine Kinder, besonders die ganz oben. Woher sollte ein DINK (Double Income No Kids) denn etwas von Kindern verstehen? Warum ihnen also vorlesen?"

Nun gut, Politiker wie Harms, ergänzte er mahnend, werden weiterhin während der EU-Sitzungswochen in Brüssel, Luxemburg oder Straßburg in *gesternten* Gourmettempeln speisen. Um die lettische Kollegin der Unterkommission für Vogelschutz zu bewirten! Es sei wieder einmal um das Aussterben des geriffelten Wiedehopfs gegangen, hörten wir. Die Kommission hatte reihum an unterschiedlichsten Orten quer durch Europa getafelt und auch etwas getagt. Das hatten uns verschiedene Köche aus dem Elsass berichtet.

Fassungslos folgten wir ihren Berichten. Umfasste diese Umweltkommission mehr als zwanzig Teilnehmer? Wie praktisch, dass es den Steuerzahler gibt. Und tatsächlich, Charlotte und ich machten genau diese Erfahrung: Die Politiker bevorzugten diejenigen Top-Restaurants mit zwei oder drei Michelin-Sternen. Nicht nur das *Crokodil* in Straßburg hatte uns abweisen müssen, weil mal wieder europäisch getafelt wurde. Ich hatte meiner Frau nach der geglückten Geburt eine Freude mit einem guten Essen machen wollen. In Frankreich, im Elsass – aus versteuertem Geld. Da die Türen wegen des Kommissionstourismus auch nach Rückfrage in fünf weiteren Lokalen geschlossen blieben, wählte ich einen Ausweg: ich kochte selbst – manchmal schmeckte es.

Der Burgunder, ein *Les Echezeaux* von 1953, entsprach der Würde des Augenblicks. Dann folgte ein anspruchsvolles Menu. Der Kalbsrücken wurde mit frisch gepresstem Olivenöl, Salz und Pfeffer sowie mit Estragon-Fäden mariniert. Schmale Taschen mit einem scharfen Messer in das feste Fleisch geschnitten, in die wurde magerer Serrano Schinken versteckt. Das Ganze ging überdacht mit einer Mischung aus Butter, Pfeffer und Gorgonzola zum Überbacken in den ultraheißen Ofen. Dem Kalbsrücken gingen Austern mit Wirsing gratiniert, gefolgt von Gambas al Ajillo voraus.

Zu Hause wieder vereint, nun zu viert, stürmte ganz viel Neues auf uns ein. Genau genommen waren wir sogar zu fünft: Zum ersten Mal lebte ein fremder Mensch mit uns in der Wohnung. Das war neu. Grete, ein Au-Pair-Mädchen aus Norwegen, war eine hübsche und elegante, schwarzhaarige Dame, die sich als sehr angenehm erweisen sollte. Gerade einundzwanzig Jahre jung schlief sie aus Platzmangel in einem Zimmer zusammen mit den Zwillingen, was sie nicht im Geringsten störte. Sie stellte sich als unkomplizierte Frau heraus, die nach und nach zu einer Freundin von Charlotte wurde und auch ich hatte bald eine neue Schwester gewonnen. Wir waren alle fast gleich alt, was verband.

Trotzdem zuckte ich schon, wenn abends ein junger, fescher Mann mit Blumenstrauß klingelte und artig fragte, ob er Fräulein Grete abholen dürfe.

1966 – Vorboten der Revolution

Nach dem Staatsexamen ließ ich es langsamer angehen. Zu viele Dinge, die mein Leben radikal veränderten, waren geschehen. Während der nächsten sechs Monate standen deshalb Familie, Sport und Freunde im Mittelpunkt.

Zwischenzeitlich kam durch die Diskotantiemen Geld ins Haus. So richtig war mir letztlich noch nicht klar geworden, welcher Beruf mir zukünftig Glück bringen würde. Aber den Kopf noch einmal mit einer Dissertation auf Höchstform zu trimmen, das konnte sicherlich nicht schaden, sagten wir uns.

Das Dasein als Kneipiers beendeten Günter, Hilmar und ich erfolgreich nach fast sieben Jahren. Wir verkauften die drei Läden für gutes Geld an den Blatzheim-Konzern. Der Stiefvater von Romy Schneider hielt als Kopf eines großen Gastronomie-Unternehmens, das ebenfalls in Köln ansässig war, sehr viel von Diskotheken. Er sah darin eine zukunftsträchtige, interessante Form der Unterhaltung. Nach einigem Hin und Her floss unser Geld in Immobilien.

Zur Vorbereitung ging ich in das Doktorandenseminar der Soziologen. Ich suchte ein neues Studienfeld. Es war die Vorzeit der 68er Revolution und entsprechend ging es an der Uni zu. Beim Betreten des Vorlesungssaals glaubte ich, in einem anderen Land angekommen zu sein. Man diskutierte nicht richtig, sondern der Eindruck entstand, der Nachweis der Richtigkeit eines Arguments basierte auf der Lautstärke, mit der es vorgebrüllt wurde.

Ungläubig starrte ich auf eine große Zahl verwirrt agierender Studenten. Ich fürchtete um unsere Zukunft. Das konnte nur schief gehen. Zeitweise verstand ich ebenso wie mein Freund Edgar Dittmer nicht, um was gestritten und geschrien wurde. Er studierte Publizistik und ich schwankte zwischen Politik und Soziologie.

Vom anders sein und *So sein* und *Jetzt sein* oder auch *Vielleicht nicht sein* und Der *Ausgrenzung* und von *Neofaschistischer Ausbeutung* war die Rede. Dass Professoren mit faulen Äpfeln und Eiern beworfen wurden, überraschte. Wenn die Wurfgeschosse ihr Ziel, den Kopf des Professors, verfehlten, atmeten wir tief durch. Toleranz, Disziplin und Respekt schienen hier nicht zu Hause zu sein.

Helmut Schmidt hatte diese Tugenden von der Jugend gefordert, wofür man ihm die Eignung eines KZ-Wärters beimaß. Lehrkräfte wurden körperlich übel bedrängt und angegriffen. Körperverletzung machte offensichtlich Spaß. Es war niemand da, der hätte Ordnung schaffen können.

Einmal schrie eine kleine Gruppe hassverzerrt ihre menschenverachtenden Parolen in den Saal; kein Wort des Professors war zu verstehen. Man entrollte metergroße Transparente mit Stamokap-Parolen (Staatsmonopolistischer Kapitalismus), die das Ende des Kapitalismus westlicher Prägung forderten. Sie diffamierten den Professor als Faschisten (das Argument zieht immer, meinte Edgar) und als Knecht der Ausbeuter. Als der alte Herr, er glich einem scheuen Junghasen auf der Flucht, ganz heimlich dem Seitenausgang zustrebte – er wollte möglichst schnell und unbemerkt diesen Hexenkessel der Anarchie verlassen – da versperrte man ihm den Weg. Schubste ihn erst ein wenig, dann etwas kräftiger, bis er hinfiel. Das ging ganz einfach.

Seine Brille verlor er, was nicht überraschte. Hilflos schaute er am Boden liegend nach oben in feixend bärtige Fratzen, die grob gehäkelte, grünrote Pullover trugen. Hatten diese Studenten mehr als fünfundzwanzig Semester auf dem Buckel, fragten wir uns. Es hatte an der Kölner Uni einen Fall mit 38 Semestern – ohne Abschluss – gegeben. Warum warf man solche Personen nicht viel früher raus? Das bourgeoise Pack (also wir drei Studenten und unsere Eltern), das man so tief verachtete, finanzierte klaglos ihr Studium. Der Professor blickte immer noch ungeschützt direkt in brutale Anarchie. Seine Brille wurde genussvoll, ganz langsam, betont langsam unter frenetischem Gejohle und mit teuflischem Grinsen zertreten.

„Wer redet noch heute von den führenden Politikern, die sich damals an diesen, zum Teil kriminellen Taten beteiligten? Und Straftaten begingen. Oder ist die Gesellschaft auf dem linken Auge blind? Waren diese Aktionen vielleicht ebenfalls von Mielke und der ‚Stasi' ferngesteuert?", fragte Edgar mich. Die 68er Bewegung galt als Reflex auf die sich erfolgreich neu ordnende Wirtschaft und Gesellschaft im Wunderland Bundesrepublik. Die Marktwirtschaft machte durch ihr Angebot des sozialen Ausgleichs die Bevölkerung immun gegen sozialistisch/kommunistische Heilslehren. Die Menschen erlebten unmittelbar den *Wohlstand für Alle*. Aber der Aufschwung ließ auch Verlierer hinter sich.

Die Einbindung Westdeutschlands in das atlantische Bündnis machte den kommunistischen Zugriff unmöglich. Daher bewegte die Nachrüstungsdebatte so viele Gemüter. Die Nachrüstung sollte Moskau abschrecken. Dagegen zielten starke Gruppierungen, von Moskau – politisch/finanziell – unterstützt, auf ein sozialistisches Deutschland. Die DDR wurde als das bessere, als das demokratische Deutschland gefeiert. Diktatoren, wie Lenin oder Mao wurden quer durch Europa hoch verehrt. Das rhythmische Schwenken der Mao-Bibel geriet zum Diskussionskult.

Der tiefe Hass auf das zudem auch noch sozial erfolgreiche marktwirtschaftliche System, das sich immer weiter von der miserablen ökonomischen, sozialen und politischen Lage der DDR entfernte, nahm hysterische Formen an. Die glücklich gelungene Wiedervereinigung Deutschlands erlebte der erste Bundeskanzler Adenauer nicht mehr. Ein politischer Enkel sollte zu jener Zeit, als sich das geschichtliche Fenster öffnete, an der Spitze des Staates stehen und ohne Zögern zupacken. Und deshalb geriet die *Birne* (Schmähbegriff der Linken für Helmut Kohl) zur bevorzugten Zielscheibe von zahlreichen extremen Politikern und Publizisten. Die Wiedervereinigung verhindern? Konnten sie nicht.

1968 – Angestellter Redakteur

Mit dem Doktortitel bewaffnet, ordnete sich mein Leben neu. Seneca hatte geschrieben, „man kann die Richtung des Windes nicht ändern, aber man kann die Segel richtig setzen."

So begann ich 1968 als politischer Redakteur beim Institut der Deutschen Wirtschaft (IW) in Köln, das publizistisch die Interessen der Arbeitgeber damals wie heute vertritt. Als früherer Unternehmer fühlte ich mich dort eher zu Hause. Zum Wirtschafts-Wissenschaftlichen-Institut (WWI) der Gewerkschaften in Düsseldorf verspürte ich weniger Nähe.

Das Anfangsgehalt mit 1 250 Mark (brutto) war enttäuschend. Meine Erwartungen hatten zwar beträchtlich darüber gelegen, aber es zog mich nun einmal zum Journalismus, zur Publizistik und Medienarbeit. Dieser Beruf sollte mich in den Folgejahrzehnten glücklich machen. Aber der erste Arbeitstag als Redakteur am Institut machte auch die Veränderungen spürbar. Erstmals abhängig und weisungsgebunden. Erstmals feste, fremdbestimmte Arbeitszeiten und erstmals einen geregelten Mittagstisch in der Cafeteria. *Gekko* (Michael Douglas) zischt in dem Film *Wallstreet,* „Mittagessen ist nur etwas für Schwächlinge."

Nun, dann war ich eben ein Schwächling. Erstens hatte ich Hunger. Und zweitens konnte ich dem Kantinenessen ein gewisses Genusserlebnis nicht absprechen. Das Salatdressing mit etwas Senf auf einem gesonderten Teller zubereitet und dann in einer Schüssel mit leckeren Salatblättern vermischt, schmeckte köstlich. Es störte mich nicht, dass der eine oder andere Mitesser etwas scheel guckte, wie ich mittags an der Theke mit Ölen, Essig, Ei, Meersalz und schwarzem Pfeffer hantierte.

Es war mein Privileg, einen Parkplatz unter und ein Einzelzimmer über der Erde zu haben. Ein komfortabler Beginn! Alle wichtigen Parteitage, die häufig aufregend verliefen, standen mir durch den Beruf als Journalist offen. So beispielsweise der denkwürdige Mitbestimmungsparteitag der SPD im Jahr 1968. Ruth Brandt sah wieder mal hübsch aus. Die Rosen, die Willy ihr kurz vor Mitternacht zu Füßen legte; diese Geste wirkte überzogen. Gerüchte über Begebenheiten mit Journalistinnen (auch vom Stern) im Reisezug während des Wahlkampfs verstummen nicht. Die Antragskommission fragte hinein in meine abschweifenden Gedanken:

„Wer ist gegen den Antrag Nr. 42 (und damit gegen die paritätische Mitbestimmung)?"

Welcher Genosse wollte gegen die Mitbestimmung sein? Da wühlte man in der Herzkammer der SPD, der stolzen Sozialdemokratischen Partei. Unter den gut 400 Delegierten konnten mit Mühe die beiden Gegenstimmen identifiziert werden. Die Außenseiter wirkten verloren im weiten Rund. Angeblich um Klarheit zu erlangen, sollten bitte schön die beiden Nein-Stimmen aufstehen. Ich erkannte in der Prozedur eine bewusste Demütigung der Opponenten. Eine Stecknadel hätte man fallen hören können. Es war eine gespenstige Szene, als sich der damals in der Großen Koalition amtierende Wirtschaftsminister Karl Schiller („Genossen, lasst die Tassen im Schrank") und sein Staatssekretär Klaus-Dieter Arndt mit durchgedrücktem Rückgrat, das später von Krebs befallen wurde, erhoben. Zwei von 400. Das Ausmaß an Zivilcourage, das zu einer solchen Haltung unter den Genossen erforderlich war, lässt sich leicht erahnen.

Ich glaubte damals, die paritätische Mitbestimmung sei schädlich für die Wirtschaft. Was falsch war. Denn die Gewerkschaften und Betriebsräte wurden durch sie mit in die unternehmerische Verantwortung gezogen. Diese Chance erkannten lediglich wenige, fortschrittliche Unternehmer. Auf der anderen Seite warnten linkslastige Gewerkschafter, durch die Mitverantwortung würde ihre revolutionäre Grundhaltung verraten; der historische Gegensatz von Arbeit und Kapital würde verwischt. Insgesamt leistete und leistet die Mitbestimmung, als starkes Instrument zur Konsensbildung, wertvolle Dienste.

Von meinen Journalistik-Studenten in Dresden hierzu befragt, erklärte ich, wenn man nach dem Geheimnis des wirtschaftlichen und sozialen Erfolgs von Westdeutschland suchen würde, so seien drei Punkte wesentlich: Die Starthilfe der westlichen Alliierten, die paritätische Mitbestimmung und das duale Bildungssystem; also die Ausbildung parallel in Berufsschule und Betrieb. Leider mussten die jungen Leute von mir stets nachhaltig ermuntert werden, im Seminar *Corporate Communication* mitzudiskutieren. Ich forderte sie heraus, Kritik an dem zu üben, was gerade vorgetragen worden war. Die Studenten aus den „Neuen Ländern" waren zehn Jahre nach der Wiedervereinigung noch nicht so weit. Noch hatten sie die DDR-Sozialisation nicht abgeschüttelt. Erst zwanzig Jahre nach der *Wende* änderte sich ihr Verhalten: Hier war mittlerweile eine neue Generation herangewachsen, die von Habitus und Denken westdeutschen Studenten ähnelte. Selbstbewusst und manchmal aufmüpfig beteiligten sie sich an der Diskussion. Sie wollte ich fördern.

Zu den weiteren Pflichten im Institut in Köln gehörte der Besuch der großen Gewerkschaftskongresse, aber auch der Jahrestagungen der Katholischen und Evangelischen Arbeiterbewegung. Ich sollte aus dieser Fülle an Informationen die politische Entwicklung analysieren und eben daraus *Berichte zur Politik* für den BDI (Bundesverband der Deutschen Industrie) verfassen.

Neben mir saßen auf der Pressebank die Herren Lueg, Ruge, Nowottny und andere bekannte Journalisten. Im Vergleich zu ihnen war ich ohne jede Bedeutung für die öffentliche Meinung. Sie als Kollegen etwa zu begreifen, auf diesen Gedanken wäre ich nicht gekommen. Im zweiten Berufsjahr *schoss* das Gehalt in neue Höhen: brutto 1 350 Mark. Deshalb wagte ich eines Tages ein Gespräch mit meinem Chef. Er hieß Dr. Günter Triesch und war einer der beiden Geschäftsführer des Instituts. Dem jovialen, beweglichen Rheinländer merkte man den Hang zu gutem Essen an. Seine wachen Augen lugten unter einer randlosen Brille hervor, die eigentlich für sein in die Breite gehendes Gesicht etwas zu klein geraten schien. Mein Vorschlag war mutig:

„Was wäre, wenn ich einmal Ihr Nachfolger hier in der Geschäftsführung des Instituts werden würde? Position und Aufgabe reizen mich."

Heiterkeit glitt über sein Gesicht.

„Ja, Herr von Herz, ich habe Ihre Unruhe schon seit langem, seit geraumer Zeit bemerkt. Haben Sie bitte etwas Geduld. Ihr Salär erhöhen wir auf 1 650 Mark und ich gebe Ihnen die Zusicherung, mich um Ihre berufliche Zukunft gerne zu kümmern."

Ich bewunderte seine langfristig angelegte Personalpolitik. Denn von Zeit zu Zeit vermittelte er begabte junge Leute, die nicht ein Leben lang an dem Institut mit begrenzten Entwicklungsmöglichkeiten verbringen wollten. Er bot sie der Industrie, Universitäten und Medien als Führungsnachwuchs an.

1968 – Französische Au Pair

Zwischenzeitlich kauften wir im Kölner Norden ein Reihenhaus. Bezahlt wurden 100 000 Mark für ein schmales Haus mit Garten, es war ein langes Handtuch nach hinten heraus, wie bei solchen Häusern üblich. Wie gut, dass wir vor einiger Zeit bereits durch einen Bausparvertrag etwas angespart hatten.

Solch ein Hauskauf ist stets ein finanzielles Abenteuer. Der Kauf brachte eine wichtige Erfahrung: Steuerfreie Gewinne durch den An- und Verkauf von Immobilien. Denn nach zwei Jahren veräußerten wir berufsbedingt das Haus. Da die Spekulationsfrist abgelaufen war, ergab sich ein Netto-Gewinn von 50 000 Mark. Auf 24 Monate gerechnet, waren das 2 000 Mark im Monat.

„Warum arbeitest Du überhaupt noch für brutto 1 650 Mark?", fragte Charlotte mich, den jungen Redakteur, ein wenig spitz, aber letztlich doch mehr im Scherz.

„Stell jetzt bloß nicht die tägliche Arbeit ein, um nur noch zu Hause die Kochtöpfe zu belagern."

Wir lachten angesichts dieser irrealen Vorstellung. Nein, das konnte sich niemand vorstellen. Als wir dann nach Süddeutschland wechselten, mussten wir enttäuscht feststellen, die Hauspreise waren davongaloppiert. Mit dem Kölner Geld konnte man im Stuttgarter Raum nicht weit springen. Es hätte höchstens vielleicht für eine viel zu kleine Eigentumswohnung gereicht. Wir überlegten nicht lange und mieteten eine sehr geräumige, doch letztlich preiswerte Wohnung. Mit Garten und Garage.

Wie bei jeder jungen Familie gerieten irgendwann die Bankkonten ins Soll. Ich tat es nicht gerne, wusste keinen anderen Weg, als einen Investitionsstopp auszusprechen.

„Papi, was bedeutet das: Investitionsstopp?", fragte Natascha. Patrick nickte unterstützend.

„Das bedeutet, dass wir drei Monate nicht ins Restaurant essen gehen und nichts Neues anschaffen. Es gibt keine neuen Kleider, keine Schuhe, alles, was wir haben, wird repariert und gestopft. Wir haben ja eigentlich alles, was man zum Leben braucht."

Nach einer gewissen Zeit erholten sich die Konten und drei Monate später rief ich laut in die Wohnung:

„Mami lädt uns alle heute Abend zu *Il Mulino* ein. Der Investitionsstopp ist aufgehoben."

Jahrzehnte später gestanden uns unsere inzwischen erwachsenen Kinder, der Investitionsstopp habe ebenfalls bei ihnen stattgefunden. Und Wirkung gezeigt.

Um an dem ungebremsten Anstieg der Grundstückspreise in Stuttgart teilzuhaben, investierten wir unser Kapital in Bauerwartungsland. Es lag in Spuckweite zum neuen Arbeitgeber, dem Daimler. Das konnte keine schlechte Anlage sein. Nach sieben Jahren fand die Umwidmung in Bauland statt. Das hatte sich gelohnt. Das Geld brauchten wir, um in Hannover, das sollte die nächste berufliche Station werden, ein eigenes, nun aber freistehendes Haus zu erwerben.

Dank Heides Organisationstalents und der französischen Au-Pair-Mädchen sprachen beide Kinder zum Abitur fließend Französisch. Patrick konnte so ein Stipendium für die HEC (Haute Ecole de Commerce) erlangen. Seine erste Anstellung fand er dann beim Crédit Commercial de France. Das Bankinstitut residierte auf den Champs Élysées. Gespannt reiste er nach dem Staatsexamen nach Paris, kam bei der Mutter eines ehemaligen Au-Pair unter und freute sich seiner neuen Freiheit. Er berichtete am Telefon aufgekratzt von schönen Mademoiselles, Models, Mannequins, Modistinnen und Mimen, die jeden Tag seinen Bankschalter aufsuchten. Jean Paul Belmondo hatte es ihm besonders angetan. Er hob sein Geld lieber persönlich ab. Das war bei Belmondo nicht anders zu erwarten.

Unsere Neugier auf dieses Frankreich und seine Menschen erlahmte nie. Wir waren überrascht, wie stark sich dort unsere Generation an Europa orientierte. Ihr Frankreich war ihnen wichtig, aber Europa stand ebenbürtig daneben. Für uns Deutsche lag dagegen Europa so kurz nach dem Zweiten Weltkrieg in Front. Den Stolz auf das eigene Land hatte man uns ausgetrieben.

In Châlonssur-Marne hatte ein Bauernehepaar – es war 1956, also elf Jahre nach Kriegsende – zwei Mopedfahrer, meinen Luxemburger Freund Carlo und mich, in der Scheune im Stroh übernachten lassen. Das war klar komfortabler als im Zelt. Die Bäuerin bot uns am nächsten Morgen heiße Milch und Baguette an. Hier wurden die Grundlagen gelegt, das Land zu mögen.

Umgekehrt erinnerte ich mich, dass wir bei der Fahrt durch Luneville bei Metz mit Schmährufen und Steinen beworfen wurden. Ich verstand solche Reaktionen; ich wollte nicht in allen Einzelheiten wissen, was dort geschehen war. Ich wollte nicht wissen, wie sich hier die Soldaten beider Nationen gegenseitig die Köpfe eingeschlagen hatten.

Durch unsere französischen Au-Pair lernten wir ganz unterschiedliche Milieus kennen; in Städten, aber auch in der Provinz. Der ländliche Raum dominiert Frankreich. So lebten ihre Eltern meist auf dem Land. Häufig durften wir ein paar Tage als Gäste bleiben. Als eingefleischte Städter erfuhren wir bisher Unbekanntes über die Landwirtschaft, den Fruchtwechsel und die Rinderzucht. Die Unterschiede der Lebensumstände in Nord- und Südfrankreich fanden wir erstaunlich: Der Norden, mehr britisch, normannisch, der Süden mehr leicht, verspielt, eben südländisch.

In Limoges vertrauten wir unsere Kinder einem Ingenieur und seiner Ehefrau für zwei Wochen an. Der Mann hatte für den Kampfhubschrauber AH-64 Apache das Computerprogramm geschrieben. Ich konnte seinen Erklärungen nicht immer folgen; schuld war nicht der wohlschmeckende Wein aus dem Languedoc. Seine Frau mähte ehrenamtlich zweimal im Monat den Rasen um die Kirche herum. Als Dienst an der Gesellschaft.

In Evreux trafen wir einen biederen Polizisten, der sich als der Vater des früheren Au-Pair Arlette vorstellte. Es ging um das Thema Autorität. Irgendwann meinte meine Frau zu mir, „die französischen Polizisten sind strenger als die deutschen Kollegen; sie behandeln die Bürger ihres Landes rabiat und von oben herab, besonders aber die Touristen."

Das verwirrte uns. Gab es für uns als Deutsche zu Hause nicht stets die Möglichkeit des Widerspruchs und versuchte man nicht, in irgendeiner Form einen Kompromiss zu finden? In Frankreich keine Chance. Die Polizei der Auto-Route steckte bei einem von uns begangenen kleinen Verstoß kurz entschlossen Kraftfahrzeugschein und Führerschein ein und forderte, ohne Widerrede zu dulden, Geld. Wenn nicht sofort 350 Francs (Neue!) gezahlt würden, würde das Fahrzeug beschlagnahmt, die Papiere bekämen wir nicht wieder zurück. Der Klageweg bliebe natürlich offen. Sollte man später einen Prozess vom Ausland aus wagen? Und sein Hinweis, die Gerichte seien notorisch überlastet, kam fast einer Nötigung gleich. So jedenfalls empfanden wir das Geschehene. In Deutschland unvorstellbar. Würde ein deutscher Polizist sich derart verhalten, gäbe es einen Aufschrei. Ist zu viel Autorität in Deutschland etwas Negatives? Vermutlich! Lange dachten wir darüber nach: Erstaunlich, welch *gute* Entwicklung unser Heimatland nach dem Kriege genommen hatte.

Wir erlebten Frauen, die den Spagat, neben der Familie noch einen Beruf auszuüben, gut beherrschten. Es gab hier nicht den Druck der Gesellschaft auf diejenigen Frauen, die lieber wegen der Kinderbetreuung zu Hause bleiben wollten; bei Hühnern, Hunden, Hasen im Stall und Honduras-Kaffee.

Es ist auch heute noch erstaunlich, wie häufig weibliche Führungskräfte in Frankreich zwei oder drei Kinder parallel zum Beruf haben. Das gelang, weil es schon in den siebziger Jahren ausreichende Betreuungsplätze gab. Dagegen war Deutschland um diese Zeit eine echte Betreuungswüste. Uns irritierte der unerbittlich geführte ideologische Kampf in Deutschland zwischen den beiden Lagern: Betreuung der Kids drinnen oder draußen? Stichwort Rabenmutter.

In Frankreich rangiert das Essen weit vor dem Wohnen. Und das Automobil dient einzig und allein der Fortbewegung.

Es ist kein Statussymbol. Eines Abends erzählte Natascha am Telefon über die Kochkunst von Arlettes Großmutter. Sie habe an einem Sonntag-Abend *pigeon au vin rouge* (Täubchen in Rotwein) auf den Tisch gezaubert.

Es war ein Phänomen: Jeden Tag beobachteten wir, wie während des langen Wartens auf das Abendessen, sich die Spannung der Menschen erhöhte; wie die Neugier zunahm. Je mehr der Tag voranschritt, desto mehr freute sich ganz Frankreich auf das Diner. Wenn die Uhr spätnachmittags auf fünf oder sechs zuging, wenn die Nation ihren Bauch spürte, konzentrierte sich, so schien es mir, das Volk der Franzosen auf die eine, auf die eine zentrale Frage: Was wird zum Abend gekocht, was wird gegessen? Diese fröhliche, erwartungsvolle Gier der Franzosen auf das Abendessen, auf den kulinarischen Höhepunkt – nein, auf den absoluten Höhepunkt des Tages, war unvergleichlich.

Der Kellner im *Mövenpick* in Stuttgart offerierte mit grober Bollernase ohne besondere Freundlichkeit die Kindermenus. Sie waren auf lustige Märchenmasken gemalt. Übel gelaunt – es handelte sich nur um zwei kleine Kinder in Begleitung ihrer Tante Marion – empfahl er: Schnitzel mit Pommes oder Hähnchen mit Pommes oder Fischstäbchen mit Pommes. Da ging Patrick in die Offensive:

„Mir wären Froschschenkel mit frisch gehackter Petersilie lieber und ich bin sicher, meine Schwester hätte gerne Weinberg-Schnecken in Kräuterbutter. Mit etwas Baguette bitte."

Der Kellner hatte Mühe, seine Überraschung zu verbergen. Er rollte die Augen, knallte die Speisekarten mit den Kindermasken, die er aus einem Sonderregal hatte holen müssen, miesmutig auf den Tisch und schleppte sich aufgebracht in die Küche.

„Verwöhnte Gören", grantelte er bei Abgabe der Bestellung. Es war für ihn kein guter Tag. Das merkte er spätestens am nicht gegebenen Trinkgeld.

Als Patrick in das kritische Alter kam, man nennt es gemeinhin Pubertät, verzichteten wir auf die jungen Damen. Zu gefährlich! Und Natascha war mittlerweile auf dem Weg zu einem attraktiven Backfisch, weshalb frühere (auch sprachbedingte)

Urlaube im geliebten Club Mediterranee nicht mehr stattfanden. Dafür wählte Charlotte nun als nächsten Sprachevent die Stadt Annecy. In Savoyen, in den französischen Alpen etwas versteckt gelegen, brachte diese schöne Zeit für unsere Kinder einen gelungenen Mix von Sprachunterricht und Urlaub. Der Literaturkursus dauerte fast sechs Wochen. In der verwaisten Universität fanden Lesungen und Diskussionen über Voltaire, Rousseau und Balzac statt. Bei gutem Wetter lümmelten die Schüler vormittags in bequemen Sesseln unter Zweigen von Schatten spendenden, tiefhängenden Ulmen, oder ausladenden Ahornbäumen.

Die Mensa bot überdurchschnittlich gutes Essen. Man war in Frankreich. Nachmittags schwammen sie im See, im Lac d'Annecy. Er bot bereits damals Trinkwasserqualität. Davon war der Bodensee noch entfernt. Die Zwillinge verreisten oft gemeinsam, traten als gemischtes Doppel auf.

1970 – Beginn bei Daimler Benz

Im Jahr 1970 begann ich als Assistent von Dr. Hanns Martin Schleyer. Er war Vorstandsmitglied der Daimler-Benz AG und ehrenamtlich Vizepräsident der Deutschen Arbeitgeberverbände. Nach sechs Monaten hatten wir uns privat in Stuttgart gut eingewöhnt. So luden wir zu einem ersten Abendessen ein. Zusammen mit den im *Ländle* neu gewonnenen Bekannten folgten die alten Kölner Freunde unserer Einladung. Die Mischung, halb Rheinländer, halb Schwaben, machte den Reiz aus. Wir saßen zu zwanzig Personen an einer langen, fantasievoll geschmückten Tafel. Das Frühjahr war schon weit fortgeschritten und frisch gepflückte Buschwindröschen schlängelten sich elegant auf der Tischdecke um diverse Kerzenleuchter herum.

Charlotte bereitete, wie stets in solchen Fällen, ein kleines Abendessen vor. Es gab eine Winzigkeit: Thunfisch-Pastete auf Endiviensalat, nicht ohne ein leicht hingetupftes Honigsenf-Dressing, versteht sich. Und braune Champignon-Köpfe mit zarter Knoblauchsauce und frisch gehackten Kräutern überbacken. Und Coq au vin in Speck, dazu gestampfter Kartoffelbrei mit kleinen, vorher blanchierten Lauchstreifen. Und mit einem Schlag Butter nebst einer Prise Muskat. Ein herber weißer Greco di Tufo aus Campania begleitete das Menü. Dem folgte als Abschluss ein Barilot von Michele Chiarlo aus dem Piemont. Sein Weingut liegt in dem Ort Calamandrana. Musik im Ohr eines jeden Weinliebhabers.

Plötzlich wollten alle wissen:

„Sag mal Dieter, was ist denn nun der Unterschied zwischen Köln und Stuttgart?"

Alle schauten auf mich. Ich räusperte mich und da ich noch nicht die ungeteilte Aufmerksamkeit spürte, sagte ich laut:

„Stellt Euch vor, in Köln tritt ein Mann am Samstagmorgen um halb elf am Severins Platz mit Morgenrock und Pantöffelchen aus dem Haus und geht um die Ecke, um Röggelchen (Brötchen) und den Stadt-Anzeiger (Zeitung) zu kaufen, dann ist das ganz normal. Aber angenommen, dasselbe geschieht in Stuttgart am Rothebühlplatz, der Mann kauft im Morgenrock mit Pantoffeln zwei Brötchen und die Stuttgarter Zeitung ein, dann, ja, dann gibt es ein Chaos. Denn so etwas gehört sich nicht im Schwabenland. In Köln kümmert es niemanden. Köln hat von allen deutschen Städten am meisten Paris im Blut."

Charlotte schaute in solchen Momenten immer etwas streng. Sie sah gut aus in dem leichten, hellblauen Hemdblusenkleid. Der spitze Ausschnitt und die beiden Ärmelenden waren hellperlmuttweiß paspeliert. Ich liebte dieses Kleid an ihr – es unterstrich ihre Mädchenhaftigkeit. Hatte es mit viel Freude in Bandol gekauft.

Andererseits ist der Kölsche Humor manchmal gewöhnungsbedürftig. Mein alter Freund und Disko-Partner Günter hatte eine Einladung zur Prunksitzung der Ehrengarde in den Kölner Gürzenich (*Jürzenig*) ausgesprochen. Fünf Ehepaare feierten gemeinsam Karneval. Dass Herrmann Jupp – seines Zeichens bester Notar aus Aachen – bereits um neun Uhr dreißig den Kosakentanz auf einem Tisch aufführte, um danach mit dem Säbel die Champagner-Flaschen unkonventionell *auf Russisch* zu köpfen, nun gut, das war nicht jedermanns Sache.

Der Gürzenich war prall voll; picke packe voll – die Eintrittskarten seit Generationen vergriffen. Die Luft hätte besser sein können. Jede, auch nur die kleinste Bewegung auf der unbequemen Bank führte unweigerlich zur Kollision mit dem Karnevalsjecken, der im Rücken am Nachbartisch saß. Warum tat ich mir das an? Der Weißwein war, was die Temperatur anging, nicht weit von einem Punsch entfernt und die Musik plärrte mit ungeheurer Lautstärke in mein linkes Ohr; es war mehr als ich ertragen konnte.

Intuitiv rückte ich etwas nach rechts, instinktiv nach rechts, denn an diesem Abend saß dort eine hübsche Dame, die eine war und die mir zugeteilt worden war. Man schunkelte, nannte sich schon fast beim Vornamen. Inge hieß sie und war knapp vierzig Jahre alt, schätzte ich. Ihre Oberweite konnte von der Korsage kaum gebändigt werden. Ich dachte, hoffentlich geht das gut. Hoffentlich hält die Statik. Nicht auszudenken, wenn da etwas passieren würde – etwas passieren *täte* (mehr Rheinland geht nicht!). Ich blickte mit Wohlgefallen auf den *Balkon*. Ja, das sollte sie ruhig bemerken, dass ich an der gewagten Konstruktion nicht einfach vorbeischaute. Das wollte sie doch. Sonst hätte sie sich anders gezeigt. Plötzlich stellte ich um auf flache Atmung. Denn ganz unvermittelt öffnete die Dame – sie war wirklich eine und die Uhr näherte sich vorsichtig der Zehn – ihr Täschchen. Mein Gott, was Frauen so alles mit sich tragen, dachte ich. Interessiert beugte ich mich vor, „ei, was machen Sie denn da?"

Da nahm sie mit keckem Blick ein Taschentuch, träufelte ein mir unbekanntes Parfüm darauf, tupfte hier und da auf die Korsage und auch sonst da und hier, und sie signalisierte dann: „Ei, damit Sie wissen, wo Sie suchen müssen."

Diese Leichtigkeit der Rheinländer, ganz den Augenblick zu leben, erstaunt immer wieder Menschen nichtkölnischer Verwurzelungen. Erdverbunden und unkompliziert ist man hier schnell jedermanns *Fründ,* was nicht wörtlich genommen werden sollte. Freund ist man *jetzt* beim Kölsch und halven Hahn (das ist ein Käse!). Jetzt und nicht morgen. So wie man in den USA die Aufforderung: *Let's see tomorrow* nicht für bare Münze nehmen darf. Der Amerikaner wäre mehr als überrascht, wenn er am nächsten Morgen Besuch bekäme. Er ist dann schon ganz woanders. Der Kölner ebenfalls. Er will die neue, flüchtige Bekanntschaft nicht *heiraten,* sondern nur diesen Moment mit ihr glücklich sein. Warum sollte man sich dieser Verführung nicht hingeben?

Einmal Prinz zu sein, das ist das große Ziel eines jeden Kölners. So entsteht ein Netzwerk, das ein Leben lang gute Geschäfte fördert. Man nennt es den *Kölschen Klüngel.* Der Spagat zwischen Kommerz und Frohsinn ist dem Kölner kein Problem. Und am Sonntag im Dom beichten und zur *Kommjon* (Kommunion) gehen. Und die Wirtschaft Zur letzten Träne (Kabarettist Beikircher) betreten, drei Minuten nach der Beerdigung, dem *Tieferlegen* eines Verwandten, um sofort laut mit zwei erhobenen Fingern *zwei Kölsch* zu rufen. Kölsche Seligkeit, mit halbgeschlossenen Augen singen, eins sein mit Meiers Käthchen, der ersten *Fründin*, die mit dem Rädchen. Spontaner, nicht kalkulierter Frohsinn zeichnet diesen Menschenschlag aus:

„Und die Nacht mit dir war wunderschön. Damit wird nicht jeder fertig. Muss er auch nicht", stellte Charlotte deutlich fest, die als Moselanerin eine halbe Rheinländerin geworden war.

1970 – Fehlende Kinderbetreuung

Es tat sehr weh, beruflich bedingt, unsere alte Liebe *Köln* verlassen zu müssen. Der Wechsel zum Daimler 1970, der damals feinsten Industrieadresse, stand an. Ein wenig Stolz empfand meine Mutter, als sie erfuhr, ihr Sohn arbeite nun als Assistent des Vorstands Schleyer. Allerdings hatte Gisela ihn Tage später mehr zufällig im Fernsehen gesehen und mich am Telefon (wie es nur Mütter können) aufgeregt gewarnt:

„Das wirst Du nicht aushalten bei diesem Mann, so brutal wie der aussieht"; ich spürte konkret durch das Telefon ihre Fürsorge.

„Ich weiß doch Junge, wie sensibel Du bist", fügte sie hastig, ängstlich hinzu. Ich versuchte, ihr die Sorge zu nehmen:

„Die vom Fernsehen senden bewusst unvorteilhafte Bilder von Schleyer, denn als Vertreter der Unternehmer und Arbeitgeber ist er den Journalisten ein Dorn im Auge. Weißt Du, die sagen, Profit sei das Einzige, woran sie, *die Bonzen*, interessiert wären."

Um sein schlechtes Bild in der Öffentlichkeit zu ändern, habe Schleyer mich für die medialen Außenkontakte eingestellt, sagte ich Gisela. Er sei privat ein anderer, ein weichherziger, fast liebenswerter Mensch; er wirke auf mich nach den ersten Tagen der Zusammenarbeit aufgeschlossen und fair. Lebensklug beendete meine Mutter das Telefonat mit dem Hinweis:

„Da hast Du Dir aber einen *leichten* Job ausgesucht."

Richtig, Kommunikation für Loderer, den IG-Metall Chef, wäre vergleichsweise einfach gewesen, kommentierte mein Freund Edgar die Situation. Es war die Zeit nach 1968. Die Rote-Armee-Fraktion (RAF) saß in den Startlöchern. Sie sagte sich: Es muss doch möglich sein, diese Republik zu kippen. Hilfsreich war sicherlich, dass das Ansehen des Unternehmers einen Tiefpunkt erreicht hatte. Unter kräftiger Mitwirkung der Medien, Eigenverschulden kam hinzu. Bilder machen Nachrichten, können viel erzählen. Das lernte ich während meiner Berufszeit. Stiernacken, von hinten heran gezoomt, mit dicker Zigarre und Hut. Da reichen Bilder. Texte erübrigen sich. Und dazu Musik von Richard Wagner.

Nun wohnten wir in Stuttgart-Heumaden. Eine neue Stadt, das Problem blieb das Gleiche. Wieder suchten wir einen Weg, Natascha und Patrick am Vormittag sinnvoll zu beschäftigen. Einen Betriebskindergarten hatte der Daimler noch nicht. Aber das Institut Français, eine kulturelle Einrichtung Frankreichs, hatte für französische Familien eine Vorschule und eine Grundschule eingerichtet. Eine ausgeklügelte *Geschichte*, Eintrittskarten zu ergattern, war diesmal nicht erforderlich gewesen. Der Hinweis auf den Arbeitgeber Daimler-Benz genügte. Das war eine Art kombinierter Visiten- und Kreditkarte.

Während der Fahrt zum Institut war genug Zeit, um Quatsch und Blödsinn zu machen. Mit wie viel Neugier und Optimismus sie jeden Tag angingen. Mit Tatendrang und einem gewissen Maß an Selbstvertrauen. Bei den Franzosen bot sich Gelegenheit, diese Eigenschaft zu kultivieren. Die französische Erziehung ist auf die Entwicklung starker Persönlichkeiten angelegt; das wusste ich. In Deutschland galt und gilt dagegen auch heute noch das Etikett Elite als verpönt: gemeint ist Leistungselite.

1970 – ‚Erzkapitalist' Schleyer

Als ich zum ersten Tag beim Daimler meinen Job antrat, weilte
Dr. Schleyer in den USA. Der Chef zeichnete sich durch Abwe-
senheit aus. Das änderte sich auch die nächsten fünf Tage nicht.
Ich zog enttäuscht durch das große Unternehmen. Man konnte
sich verlaufen, denn am Standort Untertürkheim arbeiteten in
der Hauptverwaltung und im anliegenden Motorenwerk insgesamt über 40 000 Menschen.

Während der Zeit ohne Beschäftigung stellte ich mich im
Haus als Mann für Schleyers Kommunikation vor, auch dem
Betriebsrat gegenüber. Wichtig ist ihre Pflege und die ihrer Gewerkschaften, was mir seit dem Mitbestimmungsparteitag der
SPD bewusst geworden war. Denn häufig arbeiteten die Betriebsräte seit mehreren Jahrzehnten beim Daimler und verfügten meist über ein hohes Maß an Loyalität zu ihrem Unternehmen. Da können Vorstandsmitglieder, die in Deutschland
im Durchschnitt nach 4,3 Dienstjahren verabschiedet werden,
nicht immer mithalten.

Die beiden Damen im Büro, Hallmann und Wiersch, halfen
rücksichtsvoll bei der Eingewöhnung. Da, plötzlich fand ein
erster Kontakt statt, telefonisch. Endlich, es konnte losgehen.
Schleyer bat ohne große Vorworte um die Ausarbeitung eines
Vortrags über *Die Abwehraussperrung als Mittel des Arbeitskamp-
fes.* In zwei Tagen müsse er ihn halten. Mich überkam so etwas
wie Übelkeit, als ich das Thema und die zur Verfügung stehen-
de Zeit vernahm; aber meine Unsicherheit wollte ich nicht zeigen. Ich tat ziemlich cool, fand es in Wirklichkeit nicht witzig,
nicht einmal eine Minute mit ihm über das Thema gesprochen
zu haben. Und man kannte sich ja nicht. Der Begriff *Abwehraussperrung* war bisher an mir vorbei gegangen. Er war völlig neu
für mich. Ich wusste zwar, was ein Streik war und welche Aus-

wirkungen er haben könnte. Auch die einfache Form der Aussperrung als Antwort auf einen Streik kannte ich flüchtig. Aber was war eine Abwehraussperrung? Ich verfügte über keinerlei fundiertes Wissen, um einen Vortrag für die Universität Innsbruck zu fabrizieren. Und eines kam noch erschwerend hinzu: Schleyer sollte ihn vor *seiner* juristischen Fakultät halten.

Ich suchte Rat bei meinen Daimler-Kollegen. Das Fazit der Recherchen ergab: Normalerweise stehen sich Streik und Aussperrung waffengleich als Mittel der Tarifauseinandersetzung gegenüber. Erst der Streik, dann die Aussperrung. Aber es gibt auch die Möglichkeit, einem drohenden Streik zuvorzukommen, indem Belegschaftsteile ausgesperrt werden, obwohl noch gar nicht gestreikt wird.

Trotz aller Schwierigkeiten, der Vortrag wurde fristgemäß fertig. Tage später kehrte Schleyer von seiner Reise zurück, trat wohlgemut in das schmale Büro seines Assistenten, hielt ein Kuvert eher beiläufig in der Hand und meinte ein wenig lächelnd:

„Na, haben Sie sich beim Daimler schon eingewöhnt? Ich höre, Sie haben mich vermisst. Entschuldigung, ich hatte das eigentlich anders geplant. Aber nun ist es so. Das Kuvert mit diesem Geld ist für Sie. Ich habe es als Honorar erhalten für den Vortrag. Und den haben Sie gemacht. Nebenbei, er ist gut angekommen. Die Fakultät hat applaudiert. Danke.“

Ich war sprachlos. Das fing gut an. Ich teilte das Geld mit der Sekretärin, die die Rede geschrieben hatte. Das hatte sie auch noch nicht erlebt: Geld *bar auf die Tatze*. Dann holte mich das Tagesgeschäft wieder ein: Routinedinge wie das Vorbereiten von Vorstands- und Aufsichtsratssitzungen.

Die Bundesrepublik trat nach dem Zweiten Weltkrieg mit Unterstützung der Siegermächte in eine neue Wirtschafts- und Gesellschaftsordnung. Schleyer hatte der Dynamik und dem gesellschaftlichen Frieden vertraut, den die soziale Marktwirtschaft entfachen würde. Ein System, das „keinem Dogma dient, sondern dem Menschen.“

In seinem Buch Das *Soziale Modell* zeigt er an zahlreichen Beispielen, wie die soziale Marktwirtschaft funktioniert. Ich hatte ihm zu dieser Veröffentlichung geraten, die 1974 erschien. Er habe wichtige Beiträge zur Neuordnung Deutschlands entwickelt, die man in einem Buch festhalten sollte. Schleyer dachte einige Momente nach, wägte ab und meinte dann:

„Gut, das Buch machen wir, aber Sie, Herr von Herz, müssen die Arbeit machen. Ich habe nicht die Zeit."

Mir war das von vornherein klar gewesen. Wie sollte ein Top-Manager, der wenigsten vierzehn Stunden am Tag arbeitete, wie sollte er noch Zeit haben, ein Buch zu schreiben. Zeit, um eines zu lesen, blieb ihm ja noch nicht einmal.

Der Entwurf gefiel auch dem Chef. Auf diesen ersten Text setzten wir gemeinsam an zwei Wochenenden sogenannte *O-Töne*, Orginal-Töne; es handelte sich dabei um originäre Gedanken des Autors, die zu Papier gebracht werden mussten. Damit wurde das Buch authentisch. Es traf sich gut, dass Schleyers Frau mit ihren vier Söhnen in Österreich Urlaub machte und wir an den beiden Wochenenden ungestört arbeiten konnten.

Als ich mit zwei dicken, leicht angestoßenen Aktentaschen bewaffnet, an einem Samstagmorgen bei ihm erschien, klingelte zeitgleich ein Blumenbote bei meiner Frau. Ein junger Mann reichte ihr mit einem fröhlichen *Grüß Gott* – man war in Süddeutschland – einen opulenten Rosenstrauß. Leicht gestreift lugten sie, die dicken, prallen Rosen in Heides Lieblingsfarben weiß und rot, aus der Klarsichtfolie. Sie freute sich über die Aufmerksamkeit. Auf einer Karte entschuldigte Schleyer sich für die Störung des familiären Wochenendes. Sie kehrte danach froh gestimmt ins Haus zurück. Dieses Bouquet hatte sie überrascht.

Dann stieß ich die Haustür bei Schleyers auf, sie war nur angelehnt, als mir eine sonore Stimme entgegenrief:

„Ich habe Sie erwartet. Aber nun sagen Sie mal, wollen Sie die Eier als Spiegeleier oder als Rühreier?"

Wie wohl ich mich an diesem Morgen am Tisch meines Chefs fühlte, konnte nur derjenige erahnen, der um meine Vorliebe für Quittengelee weiß. Der Aufstrich war selbst eingemacht von der schwäbischen Hausfrau. Das knusprige Brötchen mit herbsüßem Gelee folgte den kross, mit jungen Zwiebeln gebratenen Eiern.

Das Buch begriff die Öffentlichkeit als eine Art Vermächtnis des Mannes, der drei Jahre später (1977) durch die RAF, durch Terroristenhand ermordet wurde.

Tarifauseinandersetzungen mit der IG-Metall zählten alle Jahre zu den, auch für Schleyer, emotionalen Höhepunkten. Wieder einmal wurden die Lohntarife verhandelt. In einer Kaffeepause fragte ich:

„Es gab einmal einen sechswöchigen Streik, der die ganze Republik in starke Mitleidenschaft zog. Damals meinte die ausländische Presse mit Häme: Nun herrschen endlich auch in Deutschland französische Verhältnisse. Erinnern Sie sich an diese Zeit?"

Schleyer dachte einige Momente nach. Schnellschüsse waren nicht seine Art.

„Ja, ich erinnere mich sehr gut", brummte er nachdenklich vor sich hin. Er hatte in der Tat eine besondere Begebenheit in Erinnerung. Denn plötzlich hob er in einer fremden Tonlage an, wohl um eine andere Person zu imitieren:

„Und heute hat die Arbeiterfaust dem Kapitalisten-Knecht eins in die Fresse gegeben", tönte Bleicher, der Verhandlungsführer der IG-Metall, in das Mikrofon des Südwestfunks. Schleyer berichtete später, er sei fast, wie vom Blitz getroffen, umgefallen. Es sei seine erste Tarifverhandlung gewesen. Deshalb überraschte ihn der Auftritt seines Kontrahenten. Er habe unmittelbar neben Bleicher und den Mikrofonen gestanden. Sie beide waren erst vor einigen Sekunden gemeinsam aus dem Haus getreten. Zuvor hatten sie den Gesprächsraum verlassen – nein, nicht Arm in Arm, jedoch auch keineswegs feindselig.

Schleyer wollte, nichts Schlimmes ahnend, etwas frische Luft am Eingang des Schlosshotels tanken und schnell noch eine rauchen. Über vierzehn Stunden liefen bereits die – wie man so sagt – *harten, aber fairen* Verhandlungen. Gerade eben hatten sie sich noch respektvoll die Hand gegeben, hatten den Abschluss einer Tarifanhebung um 3,6 Prozent mit zwei Bier begossen, hatten sich erneut freundlich die Hände geschüttelt, hatten Grüße an die Ehefrauen ausgetauscht, und nun das: „Und heute hat die Arbeiterfaust …" Er fasste eines Abends, als wir beim Wein zusammensaßen, die Dinge zusammen:

„Mir war das damals noch nicht so klar gewesen. Bei Tarifverhandlungen ist es ganz entscheidend, dass die beiden Verhandlungsführer den nach vielen Stunden gefundenen Kompromiss in ihren Organisationen auch durchsetzen. Ich bei den Arbeitgebern und er bei den Gewerkschaften."

„Und warum diese wüste Beschimpfung?", warf ich ein.

„Dieser extrem brutale Spruch fürs Radio und die News-Agenturen hatte nur ein Ziel, seine Truppen geschlossen hinter sich zu bekommen. Ich war getroffen durch die ungeheure Schmähung. Aber das war in dieser Auseinandersetzung nebensächlich. In späteren Jahren habe ich auf derartige Attacken, die ich nun – erfahren – als eine Art Ritual begriff, mit mehr Gelassenheit reagiert."

Hätte die Arbeitgeberseite getönt, wie vorteilhaft der Abschluss, weil er für achtzehn Monate galt, wirklich gewesen sei, hätte Bleicher niemals die Zustimmung seiner Großen Tarifkommission bekommen. Die Unternehmerseite schwieg oder murmelte auf Anfragen der Medien Allgemeinplätze.

Fast vier Jahre glitt mein Assistentenschiff glatt durch alle Höhen und Tiefen. Zweimal allerdings musste es einen Hurrikan überstehen. Mächtige Medienkonzerne arbeiteten als Helfershelfer; heute würde man sagen, als *Lügenpresse*. Diese Ereignisse müssen deshalb ausführlicher dargestellt werden, weil sie im Zusammenhang mit Schleyers späterer Ermordung (1977) stehen. Es handelte sich um mediale Hinrichtungen, die nicht zu verhindern waren. Medienprofis legten Schleyer und vorrangig mich nach allen Regeln der Kommunikationskunst aufs Kreuz. Und heimsten bundesweit Beifall ein. Nicht von allen Seiten. Es gab noch ein paar Aufrechte.

Anfangs ging alles gut. Die ersten Gespräche mit den beiden bedeutenden Zeitungen am Platz, den Stuttgarter Nachrichten und der Stuttgarter Zeitung verliefen normal. Journalisten vom Handelsblatt, der Welt und der FAZ gingen ein und aus; alles seriöse Vertreter ihres Fachs. Schleyer und ich waren uns jedoch darüber hinaus einig, den sogenannten politischen Kampfmedien nicht aus dem Weg zu gehen: das waren Stern, WDR, Spiegel und Frankfurter Rundschau.

„Um mit Zeitungen wie dem Rheinischen Merkur, dem Allgemeinen Deutschen Sonntagsblatt oder dem Bayern Kurier zu reden, hätte ich Sie nicht gebraucht", sagte Schleyer.

Der erste massive Angriff kam vom Stern: Ein junger, mir unbekannter Journalist von dieser Illustrierten – es war wohl 1971 – rief an und fragte, ob er ein Gespräch mit Schleyer führen könne – über das weite Feld der Sozialpolitik. Wir sagten schließlich zu, waren uns aber der Risiken wohl bewusst. Auf welchem anderen Weg sollte Schleyer das Spektrum von der linksliberalen Mitte bis zu den Gruppierungen links außen erreichen? Der Stern wurde erst später, nach dem journalistischen Desaster mit den angeblichen Hitler-Tagebüchern, unpolitischer. Der Verlag Gruner & Jahr hatte auf eine Kurskorrektur gedrungen. Der Journalist trat zur Begrüßung in mein kleines Assistentenbüro und sagte verwundert:

„Oh, Sie sind ja noch vergleichsweise jung, das hätte ich nicht erwartet. Wie kommen Sie denn mit diesem Mann zurecht?"

Meine Augenbrauen gingen etwas nach oben. Schweigen und gut zuhören, dachte ich. Spürte ich bereits hier einen Vorbehalt des Medienmannes? Einen kurzen Moment war ich versucht zu fragen:

„Und Sie, wie kommen Sie mit Ihrem gut sechzigjährigen Chefredakteur Nannen zurecht?"

Die Falle umging ich, enthielt mich jedes Kommentars und fügte nicht unfreundlich hinzu:

„Schauen Sie sich den Mann an, dann können wir ja hinterher darüber sprechen. Er hat jetzt für Sie viel Zeit eingeplant."

Als wir dann das relativ geräumige Vorstandsbüro betreten hatten, glaubte ich für einen kurzen Moment eine gewisse Befangenheit unseres Besuchers zu spüren. Sicher stand er nicht jeden Tag einem Mann gegenüber, dem man so viel Einfluss nachsagte. Wir setzten uns nach einer Begrüßung in die Couchecke, der Chef entledigte sich seines Jacketts. Häufig machte er das so; entweder war das Teil ihm lästig oder es hätte zum Änderungsschneider gemusst, um den neuen Realitäten angepasst zu werden. Zwischenzeitlich legte der Gast seine Unsicherheit nach und nach ab.

Das Frage-Antwort-Spiel verlief lebhaft und war für beide Seiten spannend. Um nicht jedes Wort mitschreiben zu müssen, gab es zwei Tonbänder. Von Vorbehalten des Journalisten war im Verlauf der Unterhaltung nichts mehr zu spüren. Nach einem mehr als zweistündigen Gespräch, das mit einem strammen Whisky abgeschlossen wurde, meinte Zimmermann halblaut im Hinausgehen:

„Danke, dass er mir so lange zur Verfügung stand. Ich fand die Begegnung hochinteressant. Jetzt ist es mir verständlich, warum Sie für diesen Mann offensichtlich gerne arbeiten."

Ich machte auf zustimmendes Schweigen, bedankte mich für die Mühe, extra von Hamburg nach Stuttgart angereist zu sein. Unfreundlich wollte ich nicht erscheinen. Trotzdem, auf derartige Elogen gab ich nichts. Ich ließ sie im Raum stehen. Es wäre mehr als ungeschickt gewesen, zu sagen:

„Dann schreiben Sie doch über Ihre positiven Eindrücke!"

Nein, das wäre unprofessionell gewesen. Ich hätte eine solche Bemerkung ebenfalls als unpassend empfunden, wäre ich an seiner Stelle gewesen. Es war überhaupt nicht auszuschließen, von dem Journalisten enttäuscht zu werden. Nein, das konnte man nie ganz ausschließen. Denn der Mann kam von einer linken Kampf-Illustrierten. Das war nicht zu vergessen!

Richtig; denn einige Tage später schlug mir eine extrem negativ aufgeladene Story entgegen. Ins *Neue Deutschland,* dem Verlautbarungsblatt der DDR, hätte die Geschichte gepasst. Ich glaubte im Zentrum eines Zyklons zu stehen. Schon das doppelseitige Eröffnungsfoto zeigte Schleyer in unvorteilhafter Pose: Von unten über den beachtlichen Bauch glitt das Foto schwarz und kalt auf sein Gesicht. Er saß auf einem Stuhl, ohne schützenden Tisch, erhöht auf einem Podium. Das Foto stammte von einem Kongress; während des informellen Teils hatte er in der Bonner Redoute leger auf diesem Sitzmöbel Platz genommen, um näher bei den diskutierenden Studenten zu sein. Der derart Porträtierte sah überaus befremdlich aus, wirkte fast angsteinflößend. Im Nachhinein war noch eine Bildbearbeitung mit Schwarztönen am ganzen Kopf erfolgt. Besonders um den Mund, um die Zahnpartie herum. Das Bild erinnerte an Dracula.

Ich las den Artikel, den man in etwa zusammenfassen konnte: „Schleyer, der Sozialschädling, der Feind der Arbeiter und so weiter."

Hausintern herrschte lähmendes Schweigen. Schleyer durchbrach die Isolation, indem er offen dazu stand, freiwillig mit dem Blatt geredet zu haben. Und dass man sich der Gefahr wohl bewusst gewesen sei, verzerrt dargestellt zu werden. Schnell noch entwarf ich einen Informationsbrief für die Mitglieder des Aufsichtsrats. Mit dem Großaktionär Micks telefonierte der Boss lange.

Dr. Joachim Zahn schätzte Schleyer, selbst wenn man hausintern im Wettbewerb stand. Als Vorstandssprecher von Daimler-Benz traf er in den Sechzigerjahren Nikita Chruschtschow. Es herrschte *kalter, sehr kalter Krieg* zwischen Ost und West. Der Daimler hatte in diesem Klima als erstes westliches Unternehmen von Bedeutung eine Niederlassung in Moskau eröffnen dürfen. Die zahlreichen Mercedes-PKW, die die diplomatischen Korps in Moskau unterhielten, waren dafür nur eine vorgeschobene Begründung. Nein, es schien, als ob ein Coup gelungen sei: *Technologie gegen Öffnung.* Moskau wollte mit diesem Schritt heraus aus der Isolation: Technologisch, aber auch politisch.

Abends im Kreml, großer Empfang. Tausend Gäste, 10 000 Kerzen und 20 000 Gläser – gefüllt mit Wodka – hatten sich eingefunden. Als Nikita überraschend das fein austarierte Protokoll durchbrach, an dem monatelang Heerscharen von Ministerialdirektoren gebastelt hatten, als Chruschtschow also mit seinem bauernschlauen Lächeln auf Zahn zuschritt, zwei Wodka-Gläser in den Händen, sagte er:

„Brüderchen Zahn, wenn wir in Russland Brüderschaft trinken, nehmen wir das Glas, umarmen den Anderen und trinken ex."

Zahn spielte mit. Er hatte Probleme, Alkohol, und dann auch noch in solch hoher Konzentration, zu trinken. Er setzte sein charmantestes Lächeln auf, zu dem er durchaus fähig war und erwiderte:

„Also mein lieber Nikita Chruschtschow, lieber Nikita, bei uns in Deutschland, wenn man ganz große Freundschaft macht, dann – ja, dann umarmt man sich – und tauscht die Gläser."

Gesagt, getan: Chruschtschow musste Wodka trinken. Zahn genoss klares Wasser.

Auf meine Rückfrage in Hamburg beteuerte Zimmermann seine Unschuld. Die Story, die er beim Chefredakteur Henri Nannen abgeliefert hatte, habe keine Gnade gefunden. Ganz im Gegenteil: Der Text habe ihn mächtig verärgert. Seine Erwartungen an das Schleyer-Gespräch waren in eine andere Richtung gegangen. Musste er denn Zimmermann befehlen, was er zu schreiben hatte? Auch der stellvertretende Chefredakteur Manfred Bissinger stapfte enttäuscht durch die Redaktionsräume. Musste man denn alles selbst machen? Er hielt nicht hinter dem Berg, in früherer Zeit Kommunist (kein Vergleich zum IG-Metaller Bleicher) gewesen zu sein. Was er genüsslich betonte, auch dann, wenn er nicht danach gefragt wurde. Das schafft Reibung und Aufmerksamkeit.

Henri Nannen zerriss das eingereichte Manuskript mit großer Geste vor der Redaktionskonferenz. Damit war das Aus über den Journalisten gesprochen. Eine Chance zur Gegenwehr gab man ihm nicht. Am nächsten Tag fand er sich auf der Straße wieder. Mutiger Journalismus kann den Arbeitsplatz kosten. Er schlich wortlos aus der Redaktionskonferenz und schaute sich nicht um. Nein, er wartete nicht darauf, zurückgeholt zu werden. Nach einer *Enthauptung* fällt es schwer, den Kopf oben zu halten. Für das schöne Wetter, das an diesem Tag in der Stadt herrschte, hatte der Geschasste nichts übrig. Ein mir bekannter Kollege, der an der Konferenz teilgenommen hatte; berichtete vertraulich am Telefon, wie beschämt er gewesen sei. Ein anderer Journalist vom Stern hätte dann den Auftrag von Nannen erhalten:

„Müller, gehen Sie ins Archiv, Sie wissen, was für einen Artikel wir brauchen."

Das war ein Befehl! Das wütende Zerreißen des echten Manuskripts, diese Theatralik sollte ihre Wirkung nicht verfehlen. Der Ersatzjournalist ging an die Arbeit, stieg runter ins Archiv und wurde fündig. Dementsprechend fiel der neue Bericht aus. Verfasst von einem Journalisten, der nicht wusste, wie Hanns Martin Schleyer dachte und handelte, der nie mit ihm ein Wort gewechselt hatte. Ihm gelang es ohne Mühe, aus vorhandenen, negativen Medienberichten einen neuen Cocktail zu mixen. Spätere Generationen konnten dann wiederum davon abschreiben. Böses gebiert Böses.

Die Rechtsabteilung des Hauses Daimler sah viele Gründe, Anhaltspunkte, um einzuschreiten. Man forderte harte Konsequenzen. Ich riet davon ab. Denn grundsätzlich steht es jedem Journalisten frei, einen miesen Bericht zu schreiben:

„Im Falle einer juristischen Auseinandersetzung geistert der Verriss noch wochenlang durch die Medien. Wir müssen kommunikative Wege finden, diese Niederlage wettzumachen. Wir sollten in ein paar Wochen mit einem guten Thema die Redaktion in Hamburg besuchen und das Gespräch suchen. Bei einer Tasse Kaffee."

Und so kam es auch. Wochen später folgte im Blatt eine Art Wiedergutmachung. Das Kaffeetrinken hatte sich gelohnt.

Mein Kumpel Edgar saß mit mir in einem kleinen Bistro auf der Königstraße. Er arbeitete an dem Entwurf für seine Dissertation, die die Frage untersuchte, warum Journalisten mehrheitlich links orientiert sind. Er stellte fest, dass die Linksmedien, die ihre eigenen Journalisten unter Druck setzten, in der Öffentlichkeit ungeschoren davonkamen. Der Kölner Soziologe Prof. Dr. Helmut Scheuch lieferte die Begründung:

„Die Linke scheint intellektuell interessanter."

In diesem Zusammenhang fiel uns die Forderung von Hannah Arendt ein, die sich für ein *Denken ohne Geländer* einsetzte. Es war ein Appell an die Freiheit.

Jahre später schmückte der Rat der Stadt Hamburg die neugegründete Journalistenschule mit dem Namen *Henri Nannen*. Ich fühlte mich nicht gut. Sicher, er war ein brillanter Blattmacher gewesen, denn der Stern erreichte mehr als eine Million Auflage. Dadurch war er für seinen Verlag eine Art Dukatenesel. Aber mit gutem Journalismus im Sinne vom *Denken ohne Geländer* hatte es wenig zu tun. Nannen wünschte, *mit Geländer* zu denken und zu schreiben. Hoffentlich würden die Jungjournalisten der Hamburger Schule von den Lehrkräften zu mehr freiheitlichem Denken angehalten, dachte ich. An meiner Technischen Universität in Dresden war dies der Fall. Dafür sorgte auch ich.

Der zweite Angriff auf Schleyer kam vom Fernsehen. Ich schilderte meinem Freund Edgar dieses Beispiel von Medienmanipulation bei einem Keks und drittem Espresso. Ich meinte, das wäre sicher etwas für seine Doktorarbeit: Betrug mit versteckter Kamera.

Der Journalist Klaus Hinrich Casdorff wünschte ein Fernseh-Interview mit Schleyer. TV-Journalisten sind zu bedeutend, um zu bitten. Er arbeitete für den WDR. Den Westdeutschen Rundfunk nannte man *Rotfunk* – unter Eingeweihten. Wir gaben nach einigem Abwägen von Chancen und Risiken die Zusage. Wir glaubten der Herausforderung gewachsen zu sein.

Tage später wirbelten durch das große Vorstandsbüro zwei Kameras, vier Beleuchtungseinheiten, acht Helfer, zwölf Kabelträger und eine Kosmetikerin. Es gab ein mächtiges Gedränge. Ich hatte Mühe, die Kontrolle zu behalten. Organisierte Hektik als Nebelkerze? Mir war nicht sofort aufgefallen, mit wie viel Charme eine nicht mehr ganz junge Kosmetikerin meinen Chef umgarnte. Sie saß am Schreibtisch tiefgebeugt ihm gegenüber, tupfte hier und pinselte dort. Das machte mich nicht ruhiger. Als sie dann, es war in der Tat eine gutaussehende Schminkdame, Schleyer bat, sich mit dem Kamm durch das Haar zu gehen, wurde ich nervös. Ich wurde hochgradig nervös. Ihr fast mütterlicher Hinweis, jeder könne am besten seinen eigenen Strich ziehen, schien verständlich. Aber dann hörte ich doch plötzlich das Geräusch einer laufenden Kamera. Ich hatte es ganz deutlich gehört: eine heimlich mitlaufende Kamera. Meinen lauten Ausruf:

„Halt, hier läuft eine Kamera mit", bügelte Casdorff ab mit arrogant näselnder Stimme:

„Wir spulen nur einen Film zurück, das hört man doch."

Ja, ich hatte doch wohl richtig gehört. Wie sehr er gelogen hatte, sollte sich dann später zeigen. Die Anmoderation startete mit einem Bild, das von einer versteckten Kamera aufgenommen worden war. Schleyer geht mit dem Kamm durch sein Haar. Ein Sprecher höhnt wieder leicht näselnd:

„Schleyer, der von Hause aus sehr eitel ist."

Dann hätte man auch Heinrich Lübke (Altbundespräsident) einen begnadeten Rhetoriker nennen dürfen, sagte Edgar.

Den Verantwortlichen des WDR kam dieses Bild gerade recht. Es passte ihnen in ihr medienstrategisches Konzept. Diese Art der Information diente der Diffamierung. Es war das Bild, das draußen haften bleiben sollte. Schminkdame und Casdorff als Hauptakteure eines Schmierentheaters, in dem Schleyer keine Chance hatte. Bilder sind stärker als Worte, das wussten wir. Ich hatte versagt und machte mir heftige Vorwürfe.

Fazit: Ein Arbeitgeber, als eitler Fratz abgestempelt! Wie gesagt: nur der Hut, Wagner und Zigarre fehlten noch. Loderer (IG-Metall-Chef) geschah nichts Vergleichbares. Um noch einmal mit Hannah Arendt sinngemäß zu reden:

„Es zeigt sich doch, dass man der Pressefreiheit jedes Prinzip und jede Tugend eher opfern kann als gerade die Wahrheit und Wahrhaftigkeit!"

Der Bogen spannte sich von der Revolution 1968 bis 1977, dem Todesjahr Schleyers. Es bestand ein enger Zusammenhang zwischen seiner Verunglimpfung und seiner späteren Ermordung. Seine Geiselhaft als Waffe gegen die ungeliebte Ordnung, denn Schleyer galt als ein Symbol des Systems, das verächtlich als *Schweinesystem* beschimpft wurde. Immer mal wieder sickerte eine klammheimliche Freude über seinen Tod durch; von nicht unbedeutenden Meinungsmachern und ihren Helfershelfern.

„Vielleicht war die RAF doch etwas Gutes? Die RAF, das Opfer gar?", fragte man in den Talkshows. Wurde das Morden der RAF, die zeitweise im Stasi-Sold von Mielke stand, kleingeredet? Beide einte ein Ziel: Den Untergang des revanchistischen, kapitalistischen und faschistischen Systems BRD herbeizuführen. Ich fragte mich, wie die Feinde der Demokratie die vielen Niederlagen ertragen würden: Eine Nation stellte sich geeint hinter den hingerichteten *Kapitalisten* Schleyer. Und das verhasste System, die Bundesrepublik Deutschland, ging nicht unter. Ganz im Gegenteil: Die DDR, das *bessere* Deutschland, das Terroristen und gesuchte Mörder beherbergte, musste die Überlegenheit der freiheitlichen Ordnung anerkennen. Dazu passt der Satz des damaligen Bundespräsidenten Gauck, den er als Pastor in der DDR den Herrschenden hingeworfen hatte:

„Wir werden bleiben, wenn wir gehen dürfen."

Ein ungemein starker Satz. Und weil sie nicht gehen durften, wandten sie sich vom Sozialismus ab. Als sie dann überraschend doch gehen konnten, warfen sie sich in die Arme des Klassenfeindes. Schließlich erreichten die Bürger der DDR die Wiedervereinigung auf friedlichem Weg – gestützt begleitet von Politikern wie Gorbatschow, Kohl und Busch.

Den Vertretern des linken Lagers missfiel der Sieg der BRD (durch diese bewusst gewollte Abkürzung wurde das Wort *Deutschland* vermieden!). Und viele Prominente, die heute nicht mehr daran erinnert werden wollen, sprachen sich damals gegen die Wiedervereinigung aus: sie sei ein Geschenk, das dieses Deutschland nicht verdient habe (Lafontaine). Ein Franzose, der sein Vaterland, trotz oder wegen des kriegslüsternen Napoleon, liebt und verehrt, wäre in Stücke zerrissen worden, hätte er Vergleichbares gesagt. Gut, sie hatten nie den ganz großen Bruch der Geschichte von 1945 zu verkraften, wie wir Deutschen.

Spektakulär waren in dieser Zeit die ZDF-Sendungen des Journalisten Richard Löwenthal, wie erwähnt. Mein Freund Edgar meinte:

„Nicht auszudenken, was gewesen wäre, wenn der Gang der Geschichte genau andersherum verlaufen wäre. Er wäre an einem Baum aufgehängt worden oder in einem Arbeitslager auf ewig verschwunden."

Mit Arthur von Schnitzler* verfuhr man nach der *Wende* menschlich. Ihm, dem gelehrigen Goebbels-Schüler der DDR, geschah nichts. Im Gegenteil, man ließ ihn friedlich in Rente gehen.

„Reagieren freiheitliche Ordnungen zu lasch?", fragte ich.

„Oder, liegt darin nicht gerade ihre Stärke?", meinte Edgar Dittmer.

Schleyers Beerdigung stand an. Die Arbeiter und Angestellten, die Führungskräfte und Sekretärinnen, Gewerkschafter und Betriebsräte heulten sich am Grabe die Augen aus. Helmut Schmidts Augen, die des damaligen Bundeskanzlers, guckten bei dem Begräbnis trübe und feucht. Wie an einem anderen Ort weilend, wirkte er, als sei er nicht anwesend. Die schwerste politische Entscheidung seines Lebens lag hinter ihm. Aus Staatsräson hatte er keinen Ausweg gesehen. Es gab ihn auch nicht wirklich.

„Inwieweit hatte der DDR-Geheimdienst (Stasi-Mielke) eventuell die unglaublichen Fahndungsfehler mit initiiert?", fragte mich Charlotte.

Hatte die Stasi nicht auch in anderen Fällen ihre Hand im Spiel gehabt? So wie bei den angeblichen KZ-Zeichnungen, die der damalige Bundespräsident, der brave Heinrich Lübke, als junger Architekt angefertigt haben sollte. Was sich nach der *Wende*, als glatte Fälschung erwies. Aber die Linksmedien, vorneweg Spiegel und Stern, hatten zuvor mit viel Freude die Geschichte wochenlang publizistisch ausgeschlachtet.

---

* Er war Jahrelang verantwortlich für die *böse* DDR-Nachrichtensendung *Aktuelle Kamera*. Er ritt verleumderische Attacken gegen Westdeutschland.

1977 – Abschied vom Daimler

Es war Herbst. Ein letzter Spätsommertag strich durch das grüne Neckartal. Ich war, wie meist in meinem Leben, mit mir im Reinen und darum gut gelaunt. Glück ist eine Frage der Einstellung.

Ich wollte, bevor ich Daimler-Benz für immer verließ, auf ein Zeugnis meines früheren Chefs nicht verzichten. An der zweiten Tür klopfte ich erneut, worauf mir ein gut bekanntes *Herein* entgegenschlug. Lange und eng hatte man zusammengearbeitet und er meinte, es sei eine gute Zeit gewesen. Trotz der beiden Medienkatastrophen. Dieser Freitagabend im Herbst 1977 war mein letzter Arbeitstag beim Daimler. Schleyer hatte bewusst den Termin an das Tagesende gelegt. Er wollte sich Zeit für das Gespräch lassen. Die Begrüßung verlief herzlich. Er bedauerte, dass ich nun nach sieben Jahren *das Haus* verlassen würde. Zuletzt hätte ich, wie man ihm berichtet hatte, ganz erfolgreich in der Konzernkommunikation gearbeitet. Er habe Verständnis, wenn ich mich nun einer neuen beruflichen Chance zuwende.

Ich fühlte mich plötzlich nicht wohl. Ich konnte ihm in diesem Moment nicht in die Augen schauen. Ein wenig war ich zum Verräter geworden. Und welche Möglichkeiten hatte dieses Haus mir geboten – einem so jungen Mann!

Die ENVITEC fand als erste, bedeutende Umweltmesse in Düsseldorf 1975/76 statt. Ich hatte für eine Teilnahme *unseres Hauses* gekämpft. Knurrig blickte Minister Matthöfer drein, der russische Botschafter Falin schaute mit feinem, schmalem Gesicht zurückhaltend auf die Modelle. Daimler-Chef Zahn wünschte mit spöttischem, nicht unfreundlichem Gesicht Erklärungen: Er bat um Auskunft über die energiesparenden und umweltfreundlichen Antriebsarten für Personenwagen und Nutzfahrzeuge. Sehr misstrauisch betrachtete Mercedes Forschungsleiter Prof. Dr. Dr. hc. mult. Förster, was denn da die Kommunikations-Abteilung gezaubert hätte. Aus der Sicht eines Technikers konnte das nicht gut gehen. Aber es gelang doch: Gezeigt wurden erstmals ein Hybrid-Motor, verschiedenen Varianten von Wasserstoff-Antrieben sowie kombinierte Diesel-/Elektrofahrzeuge. Sie sollten die Antwort auf die befürchtete und dann reale Ölknappheit sein. Ein Leben lang ist es ein Rätsel geblieben, warum das Haus Daimler-Benz mit tausenden, qualifizierten Ingenieuren diese vielversprechenden Entwicklungsansätze nicht weiter vorangetrieben hatte? Heute, so scheint es, liegen die Asiaten auf dem Feld der alternativen Antriebe in Front.

Ich war erst siebenunddreißig Jahre alt und wollte weiterkommen. Trotz der hohen emotionalen Bindung, die zum Daimler bestand, wechselte ich 1977 zum ITT-Konzern. Da musste ich – allein wegen des Gehalts – zusagen. Trotzdem gab es nicht wenige Freunde und Bekannte, die den Kopf schüttelten:

„Zwei Unternehmen in Deutschland verlässt man nicht: Den Daimler und den Bosch!"

Während mir solche Gedanken durch den Kopf gingen, konzentrierte ich mich auf die Bitte nach dem Zeugnis. Mein früherer Chef sagte mit einem Grinsen:

„So wie ich meinen ehemaligen Assistenten kenne, hat er bereits das Zeugnis bei sich."

Schleyer hatte richtig kalkuliert, denn ich hatte die Frage vorausgesehen. Ich sagte ihm, „ich habe zwei Entwürfe in der Tasche, damit Sie auswählen können."

Sein Lachen wirkte fast wie ein Kompliment. Er sicherte zu, eines der beiden Exemplare am Wochenende unterzeichnen zu wollen. Unsere letzte Zusammenkunft genoss er offensichtlich. Wie stets verhielt er sich unaufgeregt, stand auf, entledigte sich der Jacke und bot einen kleinen Whisky an. Die Ironie des Schicksals wollte es, dass Hanns Martin Schleyer mir zum Abschied noch aufmunternd nachrief:

„Leben Sie gefährlich, Herr von Herz."

Gedacht hatte er sicherlich an ein spannendes berufliches Leben. Mit Duckmäuserei kommt man nicht weiter, hatte er wohl sagen wollen. Montags flog er zu einer Routinesitzung des Bundesverbandes der Deutschen Industrie nach Köln. Am Wochenende hatte er die vorteilhaftere Zeugnisversion unterschrieben. Sein Büro gab den Brief zur Post und trug somit den Poststempel des Entführungstages. Denn an diesem Tag kidnappte man ihn in Köln-Lindenthal bei hellem Tageslicht. Ja, vier Tote waren zu beklagen: Der Chauffeur und drei Sicherheitsleute. Mehrere Kinder wurden Halbwaise und vier Frauen Witwen.

Nach dem Abschied vom Daimler wollte ich mir eine Woche Pause zwischen altem und neuem Job gönnen. In jungen Jahren, in denen man an seiner Karriere bastelt, bietet sich selten eine Möglichkeit, zusätzlich zum normalen Urlaub eine Auszeit zu nehmen. Ich nutzte die Chance und fuhr am nächsten Montag im Mercedes Kombi nach Bregenz – zum Wandern. Charlotte liebte ebenso wie ich die Berge. Und für *de Pänz*, das heißt für die Kinder, gab es kein Entkommen. Sie hatten keine Wahl.

In einem gemütlichen Bauernhaus angekommen, roch es nach so etwas wie harzigem Holz, Rauch von Speck und muffigem Hundefell. Es hatte die letzten Tage viel geregnet. Türen und Räume waren für mich zu niedrig gebaut. Mit einen Glas Zweigelt in der Hand, hörten wir am Abend entsetzt von den dramatischen Ereignissen in Köln. Schleyer sei entführt, der Fahrer Marcis und die drei Männer der Sicherheit seien erschossen worden.

Ihr Tod war der Preis gewesen, die Zielperson lebend gefangen nehmen zu können. Meine Familie und auch die damals elfjährigen Zwillinge, die ihn gekannt hatten, schauten fassungslos in die Wein- und Cola-Gläser.

Der Herbst zeigte sich in den Bergen von seiner buntesten Seite. Letztes Gras lag gemäht in der noch immer starken Sonne zum Trocknen. Murmeltiere fuhren Vorräte für den erwarteten harten Bergwinter ein. Ihren prallen Bäuchlein sah man an, wie gut sie sich auf die kommende karge Zeit vorbereitet hatten. Nichts in der Welt hätte uns bewegen können, diesen idyllischen Ort, diese würzige Luft, kurzgesagt, diese kitschig schöne Bergwelt zu verlassen. Doch es sollte anders kommen: Am nächsten Morgen, es war ein Dienstag, fragte die Daimler-

Benz AG am Telefon offiziell an, ob ich bitte noch einmal helfen würde.

„Wie bitte?", fragte ich.

Hatte ich richtig verstanden? In zwei Tagen würde, so sagte man mir, das Begräbnis für die Getöteten stattfinden. Es seien alle PR-Fachleute des Hauses durch die Entführung Schleyers, die kriminalistischen Ermittlungen und den damit zusammenhängenden Aktivitäten gebunden. Man erwarte in Köln mehrere dutzend Fernseh- und Rundfunkteams und sicher hundert Journalisten der Printmedien. Ich möge bitte das Haus Daimler-Benz vertreten und die Kommunikation managen.

Man stellte mir, wie erbeten, aus der Kölner Niederlassung zehn Hilfskräfte zur Verfügung. Denn es gab viel zu tun. Die Aufgabe bewältigten wir gemeinsam ohne Probleme, aber alle Gedanken hingen über den Tag hinaus an der Frage, wie geht es weiter mit dem Entführten? Nach sechs Wochen des Bangens wurde die befürchtete Ermordung der Geisel zur Gewissheit.

1981 – Letzter Berufswechsel

Nach vier SEL-Jahren musste meine Familie erneut die Stadt wechseln. Ein neuer Arbeitgeber winkte. Der Umzug bereitete keinerlei Probleme, was an Charlottes Verständnis und Flexibilität lag. Die Zukunft führte uns gemeinsam nach Hannover zu Conti; es war der letzte berufliche Wechsel.

Genau genommen hieß die Firma Continental Gummiwerke AG. Der Name klang nicht attraktiv und wirkte ein wenig verstaubt. Vor allem, wenn die Hannoveraner von der *Contiiiiiiiinental* sprachen, dachte ich. Von meinem Sprachempfinden klang es selbstbewusster, wenn man *Conti* sagte, also die Betonung kräftig auf den Anfang des Wortes legte.

Als Reifenhersteller mit Tradition belegte Conti im weltweiten Konzert ganz weit abgeschlagen hinter Michelin, Bridgestone und Goodyear Platz vier. Die Gewinne waren schwach, die Umsätze stagnierten, bekannt war die Marke von Berlin bis zum Deister (ein Mittelgebirge südlich von Hannover).

Der Vorstandsvorsitzende Dr. Carl Horst Hahn verordnete dem Unternehmen die Europäisierung von Marke und vom Produkt; auch durch Kommunikation, die ich zu vertreten hatte. Und so ging unsere Öffentlichkeitsarbeit zu Beginn im ersten Jahr gezielt in die Volumenmärkte Frankreich und England, Spanien und Italien. Und später folgten die Benelux-Staaten, sowie die Schweiz und Österreich.

Presseveranstaltungen kann jeder organisieren. Aber wir wollten unverwechselbar gute *Events*, wie man heute sagt. Die französischen Journalisten staunten, wie gut der Conti-Chef Helmut Werner mit ihrer Sprache umgehen konnte. Sein Vortrag auf Französisch war fehlerlos. Er hatte das Gymnasium in Bonn, früher französische Zone, besucht. Dass alles war hilfreich, wenn man die Journalisten aus diesem Nachbarland für sich gewinnen wollte. Denn die Gäste links des Rheins akzeptieren bekanntermaßen kaum eine andere Sprache als ihre eigene. Ja, sie waren schon kleine Chauvis. Unsere Presseresonanz in Frankreich war außergewöhnlich gut. Richard Münch, Michelin-Pressesprecher für den deutschen Markt, machte mich mehr als verlegen, als er Wochen später am Telefon sagte:

„Clermont Ferrand ist irritiert."

Das war ein Gruß aus der Konzernzentrale von Michelin.

1991 – Die Pirelli Attacke

Wenn man das Unternehmen Conti heute (2020) mit seinen 240 000 Mitarbeitern und über 40 Milliarden EUR Umsatz betrachtet, dann ist klar: es muss zwischenzeitlich etwas Außergewöhnliches geschehen sein. Vor zwanzig Jahren hatte das Unternehmen ein Gewicht, das nur einem Bruchteil des Wertes von heute entsprach. Und das kam so:

Der italienische Reifenkonkurrent Pirelli wollte Conti feindlich übernehmen. Internationale Investmentbanker hatten dafür eine schlichte Strategie entwickelt: Conti kauft für zwei Milliarden Mark Pirelli (nur ein Drittel war die Firma wert) und mit diesem Geld kauft Pirelli Conti. Man hätte also seine eigene Übernahme selbst bezahlt. Der Deal wurde von der englischen Investmentbank Morgen Grenfell kommentiert als *the most outrageous (empörend) proposal we have ever seen*.

Das italienische Unternehmen war wesentlich kleiner, machte schlechtere Gewinne, verfügte jedoch über ein gutes Image *Pirelli, die Beine Ihres Autos*. Den Spekulanten war es über Strohmänner gelungen, heimlich hinter dem Rücken von Börse und Aktionären mit illegalen Tricks 38 Prozent der Conti-Aktien zusammenzukaufen. Unter Verletzung von Aktiengesetz und Satzung der Continental AG. Damit hatte Pirelli das Sagen auf der Hauptversammlung. Nach langwierigem Kampf gaben die Italiener letztendlich auf; *Pirelli and friends* waren während des sich hinziehenden Übernahmekampfs illiquide geworden; sie trennten sich deshalb von dem illegal erworbenen Aktienbesitz. Am Ende verbuchten sie einen Verlust von einer halben Milliarde Mark; war auch damals schon viel Geld.

Bei feindlichen Übernahmen zeigt sich erfahrungsgemäß, was Medienmacht bewirken kann. Die Medien in Deutschland, Italien und England agierten völlig unterschiedlich. Man hörte, hinter dem Pirelli-Engagement, das ein Rechtsanwalt Dr. Teickert orchestrierte, stünden neben dem US-Investmenthaus Merrill Lynch noch die Gebrüder Micks. Die Familie Micks hatte erst kürzlich ihr bedeutendes Paket an Daimler-Benz Aktien z. T. nach Arabien verkauft und besaß hinreichend Liquidität für finanzielle Abenteuer.

Nachdem ich von der unmittelbar bevorstehenden Pirelli-Attacke erfahren hatte, erinnerte mich mein Freund Edgar, die Micks hätten bereits vor Jahren die Feldmühle-Nobel feindlich übernommen. Für uns war es sehr wichtig zu wissen, wie die Medien damals reagiert hatten. Denn in beide Übernahmefälle waren die Micks, Dr. Teickert und Merrill Lynch involviert. Dann konnten wir Rückschlüsse ziehen, wie die Journalisten in unseren Fall angreifen würden. Auf meine Bitte hin übergab mir der PR-Kollege Dr. Kiesewetter von Feldmühle zehn Kilogramm Presseausschnitte.

Schnell wurde bei einer ersten Durchsicht der Artikel im Zug von Düsseldorf nach Hannover klar: Vier Journalisten hatten für die Spekulanten geschrieben. Das bedeutete: Sie schrieben die Feldmühle schlecht und die Spekulanten gut. Den Angreifern Micks und Co. war es damals gelungen, die Feldmühle billig, feindlich zu übernehmen; dann wurde geschlachtet ..., das Unternehmen ausgeschlachtet und zwei Milliarden Mark verdient. Dr. Teickert soll 60 Millionen Mark davon als Honorar erhalten haben, hörte man. Tausend Kleinaktionäre verloren viel Geld und tausende Menschen ihren Job.

Mit Conti sollte ähnlich verfahren werden. Teickert, der als Steuerberater und Rechtsanwalt, Testamentsvollstrecker sowie Vermögensverwalter für die Micks fungierte, ging in Stellung. Die Mafia trat an in Märkten, Medien und mit Mega-Anwaltskanzleien. Mein Interesse galt vor allem den Journalisten, die bereits damals für die Spekulanten Partei ergriffen hatten. Wie würden die vier sich nun im Falle Continental verhalten?

Das Ziel der Presseangriffe ist stets bei allen feindlichen Übernahmen gleich: Destabilisierung der Beziehung des Vorstandes zu den Mitarbeitern, besonders zu den Führungskräften, Untergrabung des Vertrauens der Aktionäre in ihr Unternehmen und Imageschädigung der Firma in der breiten Öffentlichkeit, einschließlich bei den Kunden. Es war also vornehmlich eine Aufgabe unseres PR-Managements, das zu verhindern und gegebenenfalls Medienvertreter zu finden, die eher unseren Argumenten folgen würden.

Edgar Dittmer war fleißig gewesen. Er hatte mir geholfen, die dutzend Aktenordner mit den Feldmühle-Presseausschnitten zu sichten. Er fand die Namen der vier Journalisten, die bereits damals im Feldmühle-Fall für die Spekulanten geschrieben hatten: Fernando Wasner von der FAZ, Frau Bernhard vom Handelsblatt, Wilhelm vom Manager Magazin (MM) und Rickelmann vom Spiegel. Sie alle hatten sich mächtig für die Spekulanten und gegen die Feldmühle engagiert. Die Auswahl der Journalisten war hervorragend getroffen.

Dadurch, dass die Feinde nun bekannt waren, überraschte es uns nicht, als der erste Angriff von Wasner in der FAZ zu lesen war. Sein Kommentar *Partnerscheu* auf der ersten Seite des Wirtschaftsteils rechts oben war der Beginn der Jagd. Glücklicherweise kannte ich seinen Chef Jürgen Jeske gut. Ein Hinweis auf vergleichbare Artikel, die Wasner im Falle Feldmühle bereits vor Jahren verfasst hatte, führten zum Erfolg; unser Fall wurde ihm entzogen, der Hannoveraner Korrespondent für die FAZ, Dr. Kemper, wurde wieder unser normaler Ansprechpartner. Bernhard und Rickelmann ereilten ähnliche Schicksale. Im Falle Wilhelm (Manager Magazin) gelang das nicht. Er war stellvertretender Chefredakteur und sagte jedem, der es hören wollte:

„Es ist mir egal, wer unter mir Chefredakteur ist."

Wilhelm hatte Conti und den Vorstands-Vorsitzenden Horst Urban in drei aufeinander folgenden Ausgaben verrissen. Das rechtfertigte harte Gegenwehr. Um ein wenig der medialen Bevorzugung der anderen Seite gegenzusteuern, bot ich dem Manager Magazin ein Interview mit Urban an. Ein derartiges, exklusives Angebot konnte im Rahmen des Übernahmekampfes nur schwer abgelehnt werden. Das Gespräch fand zu unserer Freude statt und verlief normal. Man schickte mir fünf Seiten zur Durchsicht (bei Wortinterviews ist das üblich), um objektive Fehler auszumerzen. Wir korrigierten kaum etwas. Journalisten lieben es nicht, wenn an ihren Texten herumgenörgelt wird. Wer wollte schon in dieser Situation die Redaktion verärgern? Zu unserer Überraschung schaffte dann lediglich *eine* Seite den Weg ins Blatt. Die vier restlichen (fest geplanten) Seiten des Urban-Interviews gingen unter. Die Redaktion setzte in den frei gewordenen Raum eine vierseitige, positive Marketinggeschichte von Pirelli. Die Sache sei erst gerade hereingekommen, sagte man mir. Man habe den für Conti eingeplanten Platz gebraucht. Dr. Teickert hatte den Vortritt erhalten und führte 1 : 0.

Man sieht sich ja immer zweimal im Leben, sagt man. Conti hatte die Übernahmeschlacht gegen Pirelli gewonnen. Als Wilhelm mich drei Jahre später bei einer Veranstaltung von Gruner & Jahr per Zufall in Hamburg sah, stürzte er sich unter wüsten Beschimpfungen auf mich. Die neben mir stehenden PR-Kollegen von VW (Wachs) und BMW (Gaul) stellten sich vor mich.

Hinzu kam ein weiteres Problem. Die in Italien arbeitenden Wirtschaftsjournalisten *gehorchten* brav den dort einflussreichen Familiendynastien Fiat, Pirelli, Falck sowie der Medio Banca. Unangepasste Journalisten wurden bei der Einladung zu Presseevents einfach übersehen. Das hatte Auswirkungen auch auf das Verhalten der in Italien ansässigen deutschen Auslandskorrespondenten. Keiner wollte das Risiko eingehen, von Agnelli nicht zur Fiat-Bilanzpressekonferenz eingeladen zu werden. Also passte man sich an. Die Berichte dieser in Italien lebenden Korrespondenten neigten eher Pirelli zu. Die Spekulanten lagen vorne mit 2 : 0.

Auf dem Medienplatz Deutschland arbeiteten bereits die entlarvten Unterstützer (FAZ, Handelsblatt, Spiegel und MM); hinzukamen, wie gesagt, die deutschen in Italien arbeitenden Korrespondenten. Beide Gruppen beeinflussten durch ihre Artikel die übrigen, deutschen Wirtschaftsjournalisten. In diesem Meinungsklima wurden auch sie keine Freunde des Hauses Conti. Die *strahlende* Pirelli gewann mehr Sympathien, mehr Verständnis für ihre Argumente. Oft liegt ja auch für den Deutschen im Fremdländischen mehr Reiz als in dem, was man zu Hause hat. 3 : 0 für Dr. Teickert.

Entlastung kam von der Insel. Das Land der Banken und Investmentbanker schaut mehr auf die Zahlen der Unternehmen und auf die Einhaltung der Regeln der sogenannten *Financial Community*. Die Sympathien der englischen Journalisten lagen eher bei uns, bei dem angegriffenen Unternehmen. Man lehnte in London den Pirelli-Vorschlag zur Übernahme der Conti eindeutig ab. Was für die an sich zurückhaltenden Briten deutlich ausfiel. Verkürzung auf 3 : 1.

Am übelsten schien die Täuschung durch einen Journalisten der Hannoverschen Zeitung (HAZ) zu sein. Er hieß Müller-Serten. Das kam so: Donnerstagabend bejubelten die oberen 150 Conti-Manager im elften Stockwerk am Königsworther Platz, dem Konzernsitz, ihren Vorstands-Vorsitzenden Horst Urban. Und zwar wegen dessen Abwehrleistung gegen die feindliche Übernahme, die in dem legendären Satz gipfelte:

„So nicht, Herr Pirelli."

Umso mehr überraschte zwei Tage später ein Zeitungsartikel über fünf Spalten in der HAZ mit der Überschrift *Sich verweigern ist noch keine Strategie*. Er stand auf Seite drei, die normalerweise samstags Themen aus *Deutschland und der Welt* vorbehalten war. Die Wirtschaftsnachrichten folgten erst weiter hinten im Blatt.

Die Überschrift verriet Sprachwitz und Intelligenz, die sich auch in den zahlreichen Zitaten sowie im ganzen Text fortsetzten. Die Führungskräfte der Conti stünden in massiver Opposition zu Urban und hätten ihre Kritik in einem Management-Brief festgehalten, so war zu lesen. Wer zwei Tage zuvor die Ovationen für gerade diesen Urban miterlebt hatte, zweifelte an der Echtheit des Papiers, bezweifelte gar überhaupt die Existenz eines solchen Briefes. Unsere hausinternen Recherchen ergaben, dass der Management-Brief von Dr. Teickert verfasst worden war. Die zentralen Punkte, die der Artikel Urban zum Vorwurf machte, fanden sich in den Klageschriften wieder, die sein Anwaltsbüro gegen Conti verfasst hatte.

Irgendwie wurde ein Weg gefunden, dieses gefälschte Papier dem Journalisten Müller-Serten zukommen zu lassen. Auf meine telefonische Anfrage, ob er, Hans-Jürgen Wehrmann als Leiter der Wirtschaftsredaktion, den Artikel vorher zur Prüfung gesehen habe, sagte er sinngemäß:

„Nein, der wäre bei mir nicht durchgegangen, deswegen wurde er ja auf Seite drei platziert. Ich bin getäuscht, umdribbelt worden."

Am Montag hatte der *täuschende* Journalist das Verlagshaus nicht im gegenseitigen Einvernehmen verlassen.

Schließlich gewann Continental. Urbans Weigerung, den Übernahmeanspruch der Spekulanten zu akzeptieren, war erfolgreich, kostete ihn sein Amt. Denn es mussten neue Wege gefunden werden, wie Pirelli und Freunde freiwillig ihr Aktienpaket von 38 % abgeben würden.

Ein neuer Mann, Dr. Hubertus von Grünberg, sollte den Brückenschlag möglich machen. Auch auf der Pirelli-Seite betrat mit Tranchetti Provera, dem Schwiegersohn von Leopoldo Pirelli, eine neue, auch medial unverbrauchte Figur die Bühne. Diese beiden Männer waren nicht an dem bisherigen Kampf beteiligt gewesen; ohne Blessuren und ohne Vorbehalte gelang nach vielen Verhandlungen die Übergabe des Pakets von Pirelli & Co. an verschiedene Investorengruppen aus der deutschen Autoindustrie und der Versicherungsbranche. Die Käufer der Conti-Aktien, die nicht wollten, dass deutsche Technologie ins Ausland abwanderte, wurden später für ihren Einsatz mit einem großen Wertgewinn der Papiere an der Börse belohnt.

Von Grünberg sollte sich als Glücksfall für Conti herausstellen. Im technischen Automobilgeschäft in den USA großgeworden, hinterfragte er kritisch die Reifenstrategie des Unternehmens, die darauf abzielte, zu den drei Großen der Branche Michelin, Goodyear und Bridgestone aufschließen zu wollen:

„Dahin kommen wir nur durch technologischen Vorsprung oder billigere Preise. Als Technologieführer gilt Michelin unangefochten und einen Preiskampf halten wir angesichts der Marktmacht der drei Großen nicht durch."

Er verordnete deshalb einen radikalen Strategiewechsel, indem er durch den Erwerb des Bremsenherstellers Tewes die Elektronik ins Haus Continental brachte. Tewes und Bosch teilten sich den Markt für elektronische Bremssysteme. Nun spielte Conti in der Bosch-Liga. Das Reifengeschäft blieb weiter wichtig, aber es mussten nicht mehr Mengen um jeden Preis an die Industrie verkauft werden; man konzentrierte sich auf eher höherwertige Produkte: *Marge vor Menge*. Und die dritte Sparte, die Technischen Gummiartikel, war traditionell profitabel.

Der Befreiungsschlag hin zur Elektronik wurde zur Grundlage für einen seit mehr als zwanzig Jahre andauernden geschäftlichen Erfolg, der auch nicht durch die starke Beteiligung von Schaeffler gestört wurde. Der neue Investor hielt sich zurück, wie die Klattens bei BMW. Neben Dr. von Grünberg hatte sich auch der Aufsichtsratsvorsitzende Dr. Reitzle als Glücksgriff für das Unternehmen erwiesen, weil er sich ebenfalls als Brückenbauer bewährte.

Von Grünberg erfüllte meine Bitte, mich mit 58 Jahren ins Private zurückziehen zu dürfen. Einigen Kollegen, die fragten, was ich denn in Zukunft zu tun beabsichtige, antwortete ich:

„Ich mache dann das, was Ihr macht, wenn Ihr mit 65 in Pension geht. Ihr seht, ich habe sieben Jahre gewonnen."

Trotzdem verlief der Übergang ins frühe Rentnerleben anders, als geplant. Telefon und Fax klingelten häufiger, als es meiner Frau Charlotte lieb war. Zusätzliche Apparate und Nummern mussten her. Ein kleines Büro schottete das Private ab. Aber mehr als vier Monate im Jahr wollte ich nicht tätig sein.

Ein wesentlicher Baustein in dem Leben *danach* sollte ein Lehrauftrag an der Technischen Universität Dresden werden. Dort suchte man einen Industriepraktiker, der den Studenten die *Corporate Communication* nahebringen sollte.

Irgendwer hatte meinen Namen ins Spiel gebracht.

Nach zwölf Jahren an der TU-Dresden war es für Familie und Freunde bewegend, wie die 150 Studenten mit Dekan und Rektor meine Ernennung zum Honorarprofessor feierten. Aber mit 72 Jahren darf man Schluss machen, meinte ich.

Hans, mein leiblicher Vater, den der Sohn *verloren* hatte, lebte zu jener Zeit – die achtziger Jahre – mit seiner Familie in Oldenburg. Er beabsichtigte, aufgrund der bestehenden räumlichen Nähe, einen Neuanfang der Beziehungen zu wagen. Um ein engeres Verhältnis zu mir, seinem Erstgeborenen, aufzubauen. Ich fand die Idee nicht gut. Denn, als ich meinen Vater nach vielen Jahren erstmals in Hannover wiedersah, machte er auf mich zwar einen gebildeten, sympathischen, aber im Ganzen doch sehr fremden Eindruck. Wir hatten uns voneinander entfernt. Der wesentliche Grund lag in der Erziehung und in dem sozialen Umfeld; es lag letztlich an der *Westallee*, in der ich zwanzig Jahre lang in Trier bei meinem zweiten Vater Oskar aufgewachsen war.

Charlotte und ich, wir sahen keine Basis für weitere Zusammentreffen mit Hans und seiner Frau. Und so führten wir in den Folgejahren die Zahl der Begegnungen gegen Null. Obwohl er mein leiblicher Vater war. Es war vorbei. Oskar Sommer, der unechte Vater (das war der von der *Westallee*) hatte Hans, den echten (das war der Eisenbahner), verdrängt.

Vater Hans bedauerte, dass der so lang entbehrte Sohn die Begegnungen einfror. Er hatte nachholen wollen, was früher versäumt worden war. Jahrzehnte der Sprachlosigkeit ließen sich nicht so einfach wegwischen. Ich blieb dabei.

Ein Wiedersehen fand erst wieder Ende der neunziger Jahre anlässlich seiner Beerdigung statt. Ich war ohne Charlotte angereist. Fremd schienen Ort und Anlass. Hans erreichte bei durchweg guter Gesundheit ein sehr hohes Alter - ein gutes Omen.

Danksagung

Zuallererst gilt der aufrichtige Dank meiner Frau. Sie hat mit einer Unerbittlichkeit Kritik geübt, die manchmal mehr als lästig war. Aber sie war so berechtigt.

Und dann ist noch meiner Lektorin Juliane Johannsen, die weite Teile des Textes rabiat durchgewalkt hat, ein großes Dankeschön zuzurufen.

Frühling 2022

HERZ FÜR AUTOREN A HEART FOR AUTHORS À L'ÉCOUTE DES AUTEURS MIA ΚΑΡΔΙΑ ΓΙΑ ΣΥΓ
ΙΑ FÖR FÖRFATTARE UN CORAZÓN POR LOS AUTORES YAZARLARIMIZA GÖNÜL VERELIM S
RE PER AUTORI ET HJERTE FOR FORFATTERE EEN HART VOOR SCHRIJVERS TEMOS OS AU
ZÖINKÉRT SERCE DLA AUTORÓW EIN HERZ FÜR AUTOREN A HEART FOR AUTHORS À L'ÉCC
АО ВСЕЙ ДУШОЙ К АВТОРАМ ETT HJÄRTA FÖR FÖRFATTARE À LA ESCUCHA DE LOS AUT
MIA ΚΑΡΔΙΑ ΓΙΑ ΣΥΓΓΡΑΦΕΙΣ UN CUORE PER AUTORI ET HJERTE FOR FORFATTERE EE
ARIMIZ ZERZÖINKÉRT SERCE DLA AUTORÓW EIN HERZ F
SCHRI ORAÇÃO ВСЕЙ ДУШОЙ К АВТОРАМ ETT HJÄRTA F

Der Autor

1940 in Hannover geboren, erlebt Dieter von
Herz den Zweiten Weltkrieg und seine Folgen in
unterschiedlichen Städten, in unterschiedlichen
Lebensumständen. Er schließt sein Studium
in Köln als Diplom-Kaufmann ab und erlangt
später den Doktorgrad. Neben dem Studium
eröffnet er erfolgreich drei Diskotheken.
Er absolviert außerdem eine journalistisch-
publizistische Ausbildung. Ab 1970 ist er als
persönlicher Assistent von Daimler-Vorstand
Hanns Martin Schleyer tätig. 1977 geht er als
Kommunikationsleiter zum ITT-Konzern und
wechselt 1981 in gleicher Funktion zur Continental
AG, bevor er sich 1998 ins Private zurückzieht. Ab
2000 übernimmt er Lehraufträge für „Corporate
Communications" an der TU Dresden und wird
2010 mit einer Honorarprofessur geehrt. Er ist
glücklich verheiratet und hat zwei Kinder. Privat
schreibt, managt und kocht er gern und hat die
besondere Fähigkeit, Menschen zu verbinden.

Der Verlag

*Wer aufhört
besser zu werden,
hat aufgehört
gut zu sein!*

Basierend auf diesem Motto ist es dem novum Verlag
ein Anliegen, neue Manuskripte aufzuspüren, zu ver-
öffentlichen und deren Autoren langfristig zu fördern.
Mittlerweile gilt der 1997 gegründete und mehrfach
prämierte Verlag als Spezialist für Neuautoren in
Deutschland, Österreich und der Schweiz.

**Für jedes neue Manuskript wird innerhalb we-
niger Wochen eine kostenfreie, unverbindliche
Lektorats-Prüfung erstellt.**

Weitere Informationen zum Verlag und
seinen Büchern finden Sie im Internet unter:

www.novumverlag.com